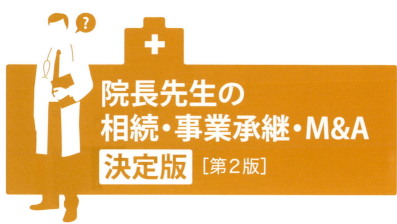

院長先生の
相続・事業承継・M&A
決定版［第2版］

■税理士 上條 佳生留［著］
■税理士法人ブレインパートナー［編］

株式会社きんざい

まえがき

　3年前の平成27年、相続税法の20年ぶりの大改正に合わせて、前書を刊行いたしました。第一次ベビーブームで生まれた団塊の世代（昭和22〜24年生）が75歳を迎え、後期高齢者が激増する"2025年問題"が目前に迫っているいま、医療と介護の負担と給付のバランスが崩れ、社会保障財政に大きな影響を与えようとしています。

　日本の国民医療費の約40％は公費（国税・地方税）によって支えられています。増え続ける後期高齢者の医療費については、その約40％を各健康保険組合からの高齢者拠出金に頼っている状態です。昨今、この負担に耐えられず解散に追い込まれる組合も顕著になっています。

　このように病医院を取り巻く環境はますます厳しくなり、安定的な経営を維持するためには、正しい情報収集と活用が重要です。特に事業承継においては長期的な視野での対策が必要となってきています。

　これに関連する制度として、新しい認定医療法人制度が平成29年10月1日よりスタートしました。これは、全国で約4万件存続している「持分あり医療法人」の理事長に相続が発生しても、多額な相続税の支払いのために医業継続が困難になることがないように、医療サービスが安定的に提供していけるようにする制度です。医療機関には、コンプライアンスとガバナンス（企業統治）へのさらなる取り組みが求められています。

　また、平成28年にはマイナンバー制度が導入され、平成29年には国際的な脱税、租税回避を防ぐ目的から、OECD加盟国による自動的情報交換制度が開始されました。

　国税庁は、国外財産調書・財産債務調書に加えて、国外の税務当局との情報交換を行うなど、あらゆる機会を通じて情報収集に努めており、富裕層の管理体制を強化していくことを明らかにしています。

　本書のテーマである、院長先生の「相続・事業承継・M&A」は、こうした背景と密接に関係していることから、その後の制度改正も反映させて、今般改

訂版を刊行することといたしました。

　初版では、おかげさまで、多くの方から好評を博しました。今回、改訂版を刊行するにあたり、株式会社きんざい出版センターの部長　石川和宏氏には、前回同様貴重なチャンスをいただきました。ここに感謝の意を表します。

　また今回の改定作業においても、社内の多くのメンバーの協力を得ることができましたことを嬉しく思います。ありがとうございました。

　平成30年12月

　　　　　　　　　　　　　　　　　　　　　　　　　　　上條佳生留

目　次

まえがき ……………………………………………………………………………… i
院長先生の相続・事業承継対策フローチャート ………………………………… x
各相続手続で必要となる書類一覧 ………………………………………………… xi
相続手続一覧表 ……………………………………………………………………… xv

第1章　今日の相続事情

1-1　ドクターは税務署にねらわれている？
　　　［最近の税制改正の傾向］ ………………………………………………………2

1-2　えっ、ハワイの別荘も税務署に申告しないといけないの？
　　　［国外財産調書の提出義務］ ……………………………………………………6

1-3　ドクターにとって資金計画がないのは、
　　　目隠しで高速道路を走るようなもの？
　　　［ライフイベントに対応したプランニング］ ………………………………11

1-4　なんで母に税務調査が入るの？
　　　［税務調査の基準］ ……………………………………………………………16

Column　税務署も正直者には優しい？ ……………………………………………20
Column　この質問に答えられますか？ ……………………………………………21
Column　民法改正について ………………………………………………………23

第2章　相続が発生した場合の手続

2-1　相続手続って、何をどうしたらいいのですか？
　　　［相続手続の流れ］ ……………………………………………………………26

Column　埋葬に関する給付金 ……………………………………………………31
Column　年金の手続も忘れずに …………………………………………………33

2-2　個人医院の相続手続は院長を交代するだけ？
　　　［個人医院の相続手続］ ………………………………………………………34

2-3 後継者が理事かどうかで手続はこんなに違う！
[医療法人の理事長の相続手続] ………………………………… 38

2-4 相続の手続はだれかに代行してもらえないのですか？
[相続手続を代行できる者] ……………………………………… 43

2-5 子どもに迷惑をかけないために、
事前にできる相続準備はありますか？
[相続の事前準備] ………………………………………………… 46

Column 法定相続情報証明制度 ………………………………………… 49

第3章 相続対策の基本と順序

3-1 相続対策は早く始めないとソンをする？
[相続税対策の手順] ……………………………………………… 52

3-2 贈与税ゼロで孫に医学部の進学費用をあげる方法
[生前贈与のポイント] …………………………………………… 55

Column 名義預金に疑われない方法 …………………………………… 61

3-3 クリニックの土地が値上がりして相続税が払えません！
[小規模宅地等の特例改正] ……………………………………… 63

3-4 長男の妻を養子にすると問題がある？
[養子縁組と相続税対策] ………………………………………… 67

3-5 生命保険の保険料は子どもが払ったほうが節税になる？
[生命保険を活用した節税] ……………………………………… 71

Column 生命保険の受取人が亡くなった場合 ………………………… 75

3-6 相続対策の前に考えないといけないことは？
[長生きリスクと二次相続] ……………………………………… 77

第4章 個人医院の相続税

4-1 クリニックの土地の名義が祖父のままだと、
相続手続でトラブルになるのですか？
[不動産の名義と相続] …………………………………………… 84

Column 土地の無償返還に関する届出書 ……………………………… 87

4-2 小規模企業共済と国民年金基金は、
　　どうすれば有利に受け取れますか？
　　［小規模企業共済と国民年金基金］ ·· 89

4-3 亡くなった院長の確定申告の期限は、
　　通常のものより短いのですか？
　　［準確定申告の注意点］ ·· 93

4-4 クリニックを承継しましたが、
　　土地名義を父のままにしておくと相続税が不利になるのですか？
　　［特定事業用宅地等の要件］ ·· 97

第 5 章　個人医院の相続対策

5-1 クリニックを生前に長男に引き継がせる場合、
　　どう資産を引き継いだらいいのですか？
　　［財産の引継方法］ ·· 102

5-2 娘の夫にクリニックを継いでもらいたいのですが、
　　将来もめないためにはどうしたらいいのですか？
　　［娘の夫への相続対策］ ·· 107

5-3 長男に開院資金を援助したいのですが、
　　相続で不利にならないでしょうか？
　　［開院援助と相続対策］ ·· 110

5-4 院長が突然倒れた場合、
　　当面の運転資金をどうしたらよいでしょうか？
　　［指定代理請求制度］ ··· 117

第 6 章　医療法人について

6-1 個人医院と医療法人とでは、
　　どのくらい相続税が違うのですか？
　　［個人医院と医療法人の相続税］ ··· 122

6-2 医療法人にすると、
　　相続税が軽減できますか？
　　［医療法人のメリット］ ·· 125

6-3 医療法人の設立に必要な手続とスケジュールがわかりません
　　［医療法人の設立手続］ ·· 128

6-4 後継者がいないクリニックを医療法人化する場合、
何か注意すべきことがありますか？
［医療法人の解散］ ··· 131

第 7 章　医療法人の相続税

7-1 医療法人の理事長をしていますが、
退職金の適正額はどのくらいなのですか？
［理事長の退職金等］ ·· 136

7-2 父の医療法人を引き継ごうとしたら、
弟が出資持分の払戻しを求めてきました！
［出資持分のトラブル］ ·· 141

Column　出資持分評価の具体例 ··· 145
Column　退職金規程と退職金受領者 ·· 147

第 8 章　医療法人の相続対策

8-1 一人医師医療法人は、
リタイアの時期と承継形態を決めておかないと相続で困ると聞きましたが？
［一人医師医療法人の事業承継］ ·· 150

8-2 新制度の医療法人にしたほうが有利かどうかは、
どこで判断するのですか？
［医療法人化の判断基準］ ·· 153

8-3 新制度の医療法人に移行する際、
贈与税が課されることがあるのですか？
［新制度医療法人への移行］ ·· 158

8-4 新制度の医療法人へ移行すれば、
相続税の特例措置が受けられるのですか？
［認定医療法人の納税猶予・免除制度］ ·· 162

第 9 章　医療機関の事業承継・M&A

9-1 後継者がいない場合、どうしたらいいですか？
［医療機関のM&Aの基本］ ·· 168

9-2 クリニックのM&Aの流れと注意点を教えてください
［M&Aの流れと注意点］ ··· 173

| 9-3 | 個人医院ですが、身内に後継者がいなくて困っています
[個人医院のM&A] | 180 |
| 9-4 | 医療法人のM&Aの具体的な流れを教えてください
[医療法人のM&A] | 184 |

第10章 MS法人の活用

10-1	MS法人には、どこまで業務を委託できるのですか？ [MS法人の業務範囲]	190
10-2	MS法人設立の注意点を教えてください [MS法人のメリットと注意点]	193
10-3	MS法人で不動産賃貸業をすると、 税金面とポートフォリオがよくなるのですか？ [MS法人でポートフォリオを改善]	197

Column 相続税対策に有効なMS法人 ………… 201

第11章 遺言の制度と効果

11-1	資産のほとんどはクリニック関連の不動産なので相続でもめないか不安です [遺言書の活用例]	202
11-2	遺言書を作成しましたが、 きちんと書けているか自信がありません [遺言書の要件]	207
11-3	遺言で姉にも財産を遺したいのですが、 税金の問題があると聞きました [法定相続人以外への遺言]	211
11-4	とても自筆で遺言書を書ける状態にありません。 どうしたらいいのですか？ [特別な遺言]	214

第12章 成年後見制度・信託の活用

| 12-1 | クリニックの名義だけを
子どもに変える方法があるのですか？
[家族信託の活用] | 218 |

12- 2　認知症にならないか不安です。
　　　 いまのうちに将来の財産分けをしておく方法はありませんか？
　　　 ［信託による財産承継］ 221

12- 3　妻が亡くなった後が心配です。
　　　 二次相続まで指定する方法はありませんか？
　　　 ［受益者連続信託の活用］ 224

12- 4　遺言と信託と成年後見制度のどれを使ったらいいのかわかりません
　　　 ［遺言・信託・成年後見制度の違い］ 227

資料編

資料 1　財産の評価方法 232
資料 2　法律上の相続 234
資料 3　相続税の計算方法 237
資料 4　贈与税の計算方法 240
資料 5　出資持分評価の計算方法 243
資料 6　包括遺贈と特定遺贈 246
資料 7　成年後見制度の概要 248

院長先生の相続・事業承継対策フローチャート

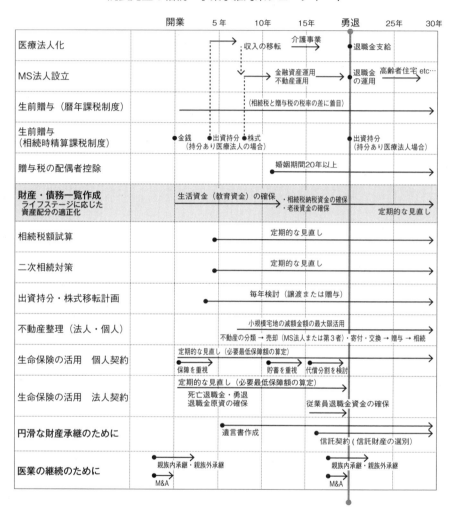

各相続手続で必要となる書類一覧

	内容	取得場所	必要部数	必要となるシーン											
				遺言検認申立て	遺産分割協議	相続放棄	限定承認	不動産登記	預貯金・有価証券など名義書替	自動車名義変更	債務承継	所得税・消費税準確定申告	相続税申告	未支給年金・遺族年金手続	保険金請求
身分関係 被相続人	改製原戸籍、除籍謄本、戸籍謄本（出生〜死亡まで）	各市町村役場	2	○	○	○	○	○	○	○	○	○	○	○	○
	住民票除票	死亡時の市町村役場	2					○	○	○		○	○	○	○
	死亡診断書コピー（死亡届提出までにコピーする）	死亡時の病院等	3部以上											○	○
身分関係 相続人	戸籍謄本	各市町村役場	2	○		申述人のみ	申述人のみ	○	○	○	○	○	○	○	○
	住民票	各市町村役場	2					○	○	○			○		○
	印鑑証明	各市町村役場	2					○	○	○	○		○		○
	遺言書			○											
	遺産分割協議書				○			○	○	○			○		
財産関係 土地・家屋	固定資産税評価証明	各市町村役場	1		○			○					○		
	権利証（登記識別情報）	ご自宅						○							
	登記簿謄本	法務局													
	公図	法務局													
	地積測量図	法務局（ご自宅）													
	建図	法務局													
	建物建築時の設計図や建築確認書類	ご自宅													
財産関係 預貯金	死亡時点現金有高（死亡直前に引き出したものも含む）												○		
	残高証明	各金融機関	各1		○								○		
	預貯金通帳、証書（遡れる限り）	ご自宅ほか	各1						○						
	定期預金等解約時の証明	ご自宅ほか	各1										○		
	取引内容不明の場合、取引履歴	各金融機関	各1										○		
財産関係 有価証券	出資金証明		各1		○								○		
	株式残高証明	各証券会社	各1		○								○		

	内容	取得場所	必要部数	遺言検認申立て	遺産分割協議	相続放棄	限定承認	不動産登記	預貯金・有価証券など名義書替	自動車名義変更	債務承継	所得税・消費税準確定申告	相続税申告	未支給年金・遺族年金手続	保険金請求
財産関係															
有価証券	株式残高証明（単元未満株等特別口座分）	各株式の事務代行会社	各1		○								○		
	上場株式配当等の支払通知書（死亡前後）	ご自宅	各1									○	○		
	取引残高報告書（過去遡れる限り）	各証券会社	各1										○		
非上場株式	定款の写し	対象法人	各1		○								○		
	法人の登記簿謄本	対象法人	各1		○								○		
	株主名簿・社員名簿	対象法人	各1		○								○		
	直近3年分の申告書・決算書	対象法人	各1										○		
	固定資産台帳、登記簿謄本等、法人の財産内容のわかる書類	対象法人											○		
事業用財産	会計帳簿（死亡前後）		各1		○							○	○		
	償却資産税申告書（過去3年）		各1		○								○		
	固定資産台帳		各1		○								○		
	在庫表（死亡日現在）		各1		○								○		
生命保険金	契約書	ご自宅	各1												○
	契約書の写し（保険請求前にコピー）	ご自宅	各1										○		
	生命保険金振込通知	各保険会社等	各1										○		
	生命保険金支払通知書	各保険会社等	各1										○		
	生命保険料控除証明書	各保険会社等	各1									○			
保険契約に関する権利	保険・共済の権利の評価の証明書（保険会社等によって表題は異なります）	各保険会社等	各1		○								○		
	保険・共済の契約書（写し）	ご自宅	各1										○		
	生命保険料・地震保険料控除証明書	各保険会社等	各1									○			
その他	車検証	ご自宅	各1		○					○			○		
	自動車税納税証明書	ご自宅・県税事務所	各1							○			○		

大分類	中分類	内容	取得場所	必要部数	遺言検認申立て	遺産分割協議	相続放棄	限定承認	不動産登記	預貯金・有価証券など名義書替	自動車名義変更	債務承継	所得税・消費税準確定申告	相続税申告	未支給年金・遺族年金手続	保険金請求
財産関係	その他	貴金属・骨董等の購入時の書類（領収証等）	ご自宅	/		○								○		
		庭、構築物等建築時の書類（請求書等）	ご自宅	各1		○								○		
		電話加入権　加入等承継・改称届出書	NTT電話加入権センター	各1		○										
債務関係	借入金	借入金残高証明	各金融機関	各1		○						○		○		
		金銭消費貸借契約書	ご自宅	各1								○		○		
		返済表	ご自宅	各1								○	○	○		
		団体信用生命保険申込書兼告知書の控	ご自宅	各1								○				
	未払金	税金等公租公課の納付書	ご自宅	各1								○		○		
		クレジットカード等支払明細	ご自宅	各1								○		○		
		医療費の領収証（死亡前後）	ご自宅	各1									○	○		
債務関係	葬式費用	僧侶等に支払金額のメモ（領収証）	支払先	各1										○		
		葬儀会社領収証、請求書	葬儀会社	各1										○		
		火葬料、その他葬儀関係で支払った領収証	支払先	各1										○		
納税猶予	農業	相続税の納税猶予に関する適格者証明	農業委員会	各1										○		
	非上場株式	経済産業大臣の認定書、申請書の写し	地方経済産業局	各1										○		
	医療法人	担保提供関係書類（質権設定の承諾書ほか）		各1										○		
その他		年金証書	ご自宅	各1											○	
		所得税確定申告書（過去3年）	ご自宅	各1									○	○		
		死亡した年の源泉徴収票、支払調書	年金事務所、会社等	各1									○	○		

相続手続一覧表

＊医療機関の手続にかかるものは、本編2－2、2－3をご覧ください。

日程	実印押印	内容	手続先					
			市役所	税務署	年金事務所	健保組合	家裁	法務局	その他
死亡届提出前		死亡診断書のコピー（多めに）							＊
～7日		死亡届・埋火葬許可証交付申請	＊						
～14日		世帯主変更届	＊						
葬儀後すぐ		葬儀費用の支払							＊
葬儀後すぐ		医療費の支払・介護施設利用料等の支払							＊
葬儀後すぐ		郵便物転送届（1人暮らしだった場合）							＊
葬儀後すぐ		電気・ガス・水道など生活費関連の引き落とし口座の変更（各会社へ）							＊
1週間後～		住民票除票、除籍謄本（戸籍謄本）改正原戸籍謄本	＊						
1週間後～		相続人戸籍・住民票・印鑑証明書の取得	＊						
1週間後～		（要介護者の場合）準確定申告用障害者控除証明	＊						
1週間後～		葬祭費・埋葬料支給申請	＊			＊			
1週間後～		国保・介護保険料等の過誤納還付請求	＊						
1週間後～		健康保険証等の返却・変更（14日以内）	＊		＊	＊			
1週間後～		振替納税していた税金の確認、納付（納期限までに）	＊	＊					
1週間後～		国民年金の控除証明書の発行依頼	＊						
1週間後～		固定資産税評価証明書の取得	＊						
すみやかに		健康保険・厚生年金保険被保険者資格喪失届			＊				
すみやかに		年金受給権者死亡届			＊				
すみやかに		未支給年金の請求			＊				
すみやかに		遺族年金等の裁定請求			＊				
すみやかに		公的年金の源泉徴収票発行依頼			＊				
すみやかに		給与源泉徴収票・支払調書の依頼							＊
すみやかに		生命保険・地震保険・寄付金等の控除証明発行依頼							＊

日程	実印押印	内容	市役所	税務署	年金事務所	健保組合	家裁	法務局	その他
すみやかに		生命保険金の請求、生命保険契約に関する権利評価							＊
すみやかに		携帯電話・クレジットカードの解約							＊
すみやかに		各種会員契約の解約または引き落とし口座の変更							＊
すみやかに		金融機関・証券会社等へ残高証明書発行依頼							＊
すみやかに		金融機関・証券会社等へ相続手続書類取得							＊
すみやかに		遺言書検認の申立て（自筆証書遺言の場合）					＊		
すみやかに		公証人役場へ遺言の確認							＊
1カ月以内		個人事業の開廃業等届出書		＊					
1カ月以内		給与支払事務所等の廃止届出書		＊					
1カ月以内		個人事業者の死亡届出書（消費税）		＊					
1〜1.5カ月		検認申立ての結果通知					＊		
〜10年		遺留分減殺請求の意思表示（内容証明郵便）							＊
〜10年		遺留分減殺による物件返還請求調停					＊		
3カ月以内		相続放棄または限定承認の申述					＊		
分割協議までに		未成年者特別代理人選任の申立て					＊		
4カ月以内		準確定申告		＊					
6カ月以内	＊	根抵当権債務の承継登記（金融機関）						＊	
できる限り同日に	＊	遺産分割協議							
	＊	金融機関等、名義変更書類作成							
分割協議後すぐ	＊	不動産の相続登記						＊	
分割協議後すぐ	＊	金融機関・証券会社・保険会社等へ名義変更手続							＊
分割協議後すぐ		農地法3条の3第1項の届	＊						
10カ月以内		相続税申告		＊					
申告期限から3年ごと		農地等の相続税の納税猶予の特例の継続届出		＊					
申告期限〜5年間毎年 5年経過〜3or5年ごと		非上場株式等についての相続税の納税猶予の継続届出		＊					

相続手続一覧表

第 1 章
今日の相続事情

1-1

ドクターは税務署にねらわれている？

[最近の税制改正の傾向]

院長 「やあ、久しぶりだね。何かの買い物帰りかい？」

友人 「ちょっと本屋で相続税関連の本を買ってきたんだよ」

院長 「そうなんだ。たしかに最近やたらとテレビでも相続の話を特集しているねえ。でも相続税って、ずっと先のことのようで、なんだかピンとこないよな。それに増税になったと言っても、自分には関係なさそうだし」

友人 「僕もそう思っていたんだけど、いろいろ調べてみたら、そんなことはないみたいだぞ。うちのクリニックは、親の土地に建て直したんだけど、その際、親とは別居したから、相続するときに税金が不利になるみたいなんだよ。だから焦っているんだ」

院長 「それじゃあ、うちだって同じことじゃないか。うちも考えないとまずそうだなあ。でもうちの親はまだシャンとしているからなあ」

友人 「いつも治療は早く始めたほうがいいと患者さんにいっているけど、相続対策も始めるなら、早いにこしたことはないんじゃないかな」

院長 「それもそうだね。税理士に相談してみるよ」

友人 「それから……僕たちドクターに関係する負担増は相続税だけじゃないみたいだよ」

院長 「えっ、相続税だけじゃないっていうと、ほかにも負担が増えるのかい？」

1　40%引き下げられた影響

　相続税といえば「現預金や不動産を多く所有している資産家だけに課される税金」とお考えの人も多いようです。しかし、平成27年の改正以降、相続税に関するセミナーが金融機関をはじめ非常に多く開催されるなど、相続税対策の意識は、急速に一般の人に広がりをみせています。特に都市部のサラリーマンにも関連する税金であると認識を改めたほうがよさそうです。

　では、なぜこれほどまで相続対策が意識されるようになったのでしょうか。それは改正によって相続税の「基礎控除額」が大幅に減額されたからです。所得税と同様、相続税には基礎控除額というものがあります。財産から債務等を差し引き、お亡くなりになる前3年以内に行われた贈与財産を加えたものから、基礎控除額を差し引いた額に対して相続税が課されます。つまり財産が基礎控除額以下なら相続税は関係ないということです。

　平成27年1月1日より引き下げられた基礎控除額について、どのような影響があるのか、シミュレーションしてみましょう。たとえば、5,000万円の財産（相続税評価額）を子ども1人で相続するとします。平成26年までに発生した相続であれば、基礎控除額は5,000万円＋1,000万円×1人（法定相続人の数）＝

図表1－1　税制改正による基礎控除額の引下げ

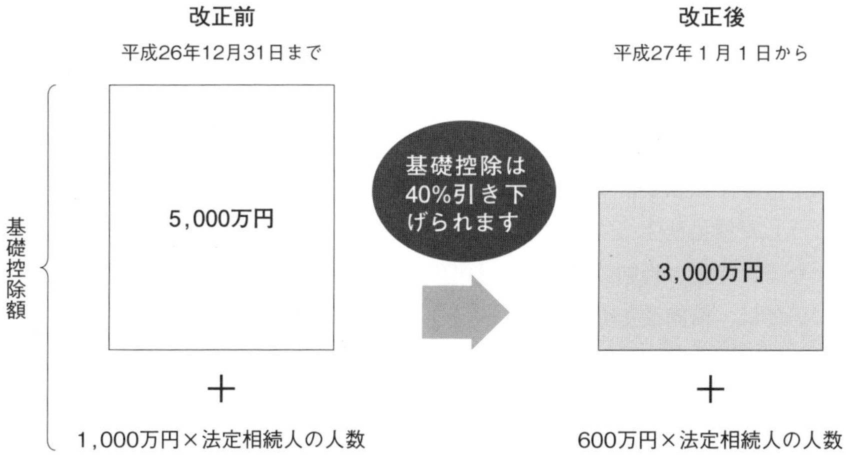

改正前　平成26年12月31日まで

基礎控除額：5,000万円 ＋ 1,000万円×法定相続人の人数

基礎控除は40%引き下げられます

改正後　平成27年1月1日から

3,000万円 ＋ 600万円×法定相続人の人数

6,000万円ですから、相続財産は基礎控除額以内であるため相続税は課されません。しかし、現在では、基礎控除額が3,000万円＋600万円×1人＝3,600万円になるため、基礎控除額を超える1,400万円に対して相続税が課されることとなります。

2　増税は相続税だけではない

　増税傾向は、相続税だけではありません。平成26年4月には消費税が引き上げられ、平成27年1月からは、所得税の最高税率が引き上げられました。さらに、平成31年（2019年）10月にも消費税が引き上げられる予定です。累進税率の強化は富裕者や高所得者層への課税強化といえるものです。高所得者層が多いドクターはねらわれているのです。

　特にドクターに影響があるものとしては、所得計算の特例で「医師等の社会保険診療報酬に係る必要経費の特例」という制度があります。この制度は、年間の社会保険診療報酬の額が5,000万円以下でその年の医業、歯科医業に係る収入金額が7,000万円以下の場合に、一定の方法により概算で経費を計算することができ、実際に負担した経費と比較して有利なものを選択できるものです。診療報酬単価が低い診療科などでは、この制度を適用し納税額を圧縮しているケースが多く見受けられますが、この制度については以前より廃止が検討されています。

　また、注目すべきは消費税の再引上げがクリニックに及ぼす影響は決して少なくないでしょう。クリニックの収入の大部分を占める診療報酬は、社会政策的な配慮から消費税が非課税とされているので、薬品等の仕入価格が消費税の増税により高くなったとしても、クリニックは公定価格である診療報酬に消費税引上げ分を転嫁することができないからです。

　こうした増税社会に立ち向かっていくためには、院長はクリニックの経営だけでなく、今後の税制改正の動向も把握しておく必要があります。特に相続税については、前回改正では見送られた死亡保険金に係る非課税限度額の引下げ案なども再浮上することが考えられます。

　節税対策は、短期的なものから中長期的なものまでありますが、相続税対策の王道は、長期的な対策です。早めに対策を講じておくことが肝心です。院長

のなかには、日々の業務に追われて、なかなか税金のことまで考える余裕がない人もいらっしゃると思いますが、一度家族とともにゆっくり考える時間をとってみてはいかがでしょうか。

1-2
えっ、ハワイの別荘も税務署に申告しないといけないの？
［ 国外財産調書の提出義務 ］

友人　「確定申告の時期も近づいてきたから大変だよね。君の医療法人の申告手続は順調に進んでいるかい」

理事長　「そうなんだよね。もうそんな時期だよね。1年が過ぎるのは、本当にあっという間だよ。うちも申告手続に追われているところだよ。早く仕上げてハワイへいきたいよ」

友人　「ハワイ旅行か、いいねえ、どのホテルに泊まるんだい」

理事長　「いやいや、まだだれにもいってなかったけど、今年、リゾートマンションを買ったんだよ。だからね、家族でそこにいこうかと思っているんだよ」

友人　「そりゃあ、いいねえ。君もついにハワイに別荘を買ったか。相当、医療法人がもうかったんだね。うらやましいよ」

理事長　「ぼちぼちですわ。ははは。それにハワイの別荘は個人で買ったものだから、医療法人とは関係ないよ」

友人　「そうなると医療法人の確定申告には関係ないけど、個人としては申告するんだろ？」

理事長　「外国の別荘を日本の税務署に？」

友人　「そりゃそうだよ。期限内にしないとペナルティーもあるみたいだぜ」

理事長　「はあ？　すぐ帰って税理士に聞いてみるよ」

1　国外財産調書とは？

　友人と医療法人の理事長との会話のなかで個人が所有する財産を税務署へ申告する必要があるとのことですが、実際に提出する書類とは「国外財産調書」です。

　「国外財産調書」とは、平成26年1月1日以後提出が義務づけられた書類で、その年の12月31日現在において、5,000万円（その価額の合計額）を超える国外財産を有する人は、その財産の種類、数量および価額その他必要な事項を記入し、翌年の3月15日までに住所地等の所轄税務署長に提出しなければなりません。

　この「国外財産調書」には、国外財産の区分に応じて、種類別、用途別（一般用および事業用の別）、所在別にその財産の数量および価額を記入します。本制度は、国外財産の保有が増加し、国外財産に係る所得税や相続税の適正化が課題となっているなか、目が届きにくい国外財産の情報を事前に把握して、課税逃れを防ぐために導入されたものです。過去の所得税法の規定（旧所得税法第232条）には、高所得者は「財産および債務の明細書」と呼ばれた、その年の12月31日現在における財産や債務について、その種類や金額を記入した明細書を所得税の申告書とともに提出する義務がありましたが、平成27年度の税制改正で提出基準・記載事項が見直され、「財産債務調書」として新たに整備されました（この調書の詳細は後述します）。

2　提出を促すアメとムチ

　「国外財産調書」には、①申告漏れが生じた場合であっても、期限内に調書を提出していれば加算税が減額になるインセンティブが付与されていること、②期限内に調書を提出していなかったり、提出した調書の届出内容に虚偽記載が認められたりした場合は、加算税が重くなる罰則規定が存在します。

内国税の適正な課税の確保を図るための国外送金等に係る調書の提出等に関する法律（国送法）第5条、第10条
　イ．加算税の軽減措置

調書を期限内に提出した場合に、記載された国外財産に関して所得税・相続税の申告漏れが生じたときであっても、その国外財産に係る加算税を軽減（負担が軽減される加算税率▲5％）。

ロ．加算税の加重措置

調書の提出がない場合又は提出された調書に国外財産の記載がない場合に、その国外財産に関して所得税の申告漏れが生じたときには、その国外財産に係る加算税を加重（負担が重くなる加算税率＋5％）。

ハ．罰則の適用

正当な理由なく期限内に提出がない場合又は虚偽記載の場合に、1年以下の懲役または50万円以下の罰金。

※罰則は、国外財産調書制度に係る周知期間の確保等の観点から、平成27年1月1日以後に提出すべき調書について適用されます。

国外財産調書の提出は平成24年度の税制改正で創設、平成26年1月から施行され、毎年国税庁より提出状況が公表されています。

図表1－2　平成28年分国外財産調書提出状況

1．総提出件数　9,102件

地域	件数	構成比
東京局	5,922件	65.1%
大阪局	1,260件	13.8%
名古屋局	660件	7.3%
その他	1,260件	13.8%

※局別の件数は、東京局、大阪局、名古屋局の順に多く、この3局で全体の約9割近く（86.2％）を占めています。

2．総財産額　約3兆3,015億円

地域	件数	構成比
東京局	2兆4,601億円	74.5%
大阪局	3,957億円	12.0%
名古屋局	1,734億円	5.3%
その他	2,723億円	8.2%

※局別総財産額に占める割合についても、東京局、大阪局、名古屋局の3局で全体の約9割近く（91.8%）を占めています。

3．財産の種類別総額

財産の種類	総額	構成比
有価証券	1兆7,093億円	51.8%
預貯金	6,015億円	18.2%
建物	3,474億円	10.5%
貸付金	1,708億円	5.2%
土地	1,238億円	3.7%
上記以外の財産	3,487億円	10.6%
合計	3兆3,015億円	100.0%

（注）　各々の種類で四捨五入しているため、合計が一致しない場合があります。
（出所）　国税庁「平成28年分の国外財産調書の提出状況について」

公表された資料によると、国外財産の大半は有価証券や預貯金などの換金性の高い資産で占められ、土地・建物などの不動産は全体の15％程度でした。

事例ではハワイの不動産が話題となりましたが、現実は不動産の割合が少ないことがわかります。その理由として不動産については自らが管理する法人を使って取得していることが考えられま

第1章　今日の相続事情　9

す。このような背景がありますので、個人で所有している財産のほとんどが換金性の高い資産であっても不思議ではないのです。

3 「財産債務調書」とは？

　平成27年度の税制改正に伴い、平成27年分の所得税の確定申告書に添付する「財産および債務の明細書」が「財産債務調書」に改訂されました。

　いままでは添付資料であった明細書から、独立し「調書」に格上げされ、提出基準の要件見直しや罰則規定が新たに加わっています。

　具体的には「2,000万円以上の所得金額」かつ「総資産3億円以上または1億円以上の有価証券等保有」の者に対し提出が義務づけられ、その財産債務調書の内容について申告漏れ等が認められる場合には、以下の取扱いが規定されています。

・財産債務調書に記載がある部分
　　→　過少（無）申告加算税を5％軽減される
・財産債務調書の不提出、記載不備に係る部分
　　→　過少（無）申告加算税が5％加重される

　この制度の特筆すべきポイントは、平成27年分の申告から（平成28年1月1日以後に提出すべき財産債務調書）該当する者は、すべての財産債務を列挙し申告しなければ、税務署が個人の財産について調査に入る可能性がある点です。

　今回の税制改正では、「財産債務調書の提出に関する調査に係る質問検査権」の規定が整備されました。これは税務署が調書の提出に関する調査について必要があると認められるときは納税義務者等に質問をし、帳簿の書類や他の物件を検査し、その物件の提示もしくは提出を求めることができる権利なのです。

　たとえ財産債務調書を提出していたとしても、記載すべき財産が漏れている場合には、それをきっかけに全財産を調べられ、そこで家族間の贈与をも確認されるかもしれないということなのです。

　なお、国外財産調書に記載した国外財産については、財産債務調書に重複して記載する必要はありません。

1-3
ドクターにとって資金計画がないのは、目隠しで高速道路を走るようなもの？
[ライフイベントに対応したプランニング]

妻　「あなたもパパになったのよ。これからは子どものためにもがんばってね」

先生　「わかっているよ。早く勤務医を卒業して父のクリニックを継いであげないといけないからお金を貯めなくちゃな。それを目標にがんばるよ」

妻　「お父さまのクリニックを引き継ぐと言った時、お父さますごくうれしそうだったものね」

先生　「ああ、ちょっと気が早いけど、この子にも僕のクリニックを継いでもらいたいと思っているよ」

妻　「ずいぶん先のことね。うちの子もパパみたいなお医者さんになってくれるといいわね。でも、パパがそう思うのだったら、いまからお金の準備をしないといけないわ」

先生　「まだ、幼児だぜ。いくら何でも、それこそ早すぎるだろ」

妻　「それがそうでもないのよ。この前あなたの医学部の奥さまの集まりに行った時に聞いたんだけど、もう皆さん子どもの医学部進学資金を準備し始めているそうよ。それでわかったんだけど、みんなしっかりマネープランを立てているのよ」

先生　「本当か？」

妻　「お金がかかるドクターにとって、資金計画がないのは、目隠しで高速道路を走るみたいなものなんだって。あなたもしっかり考えてみてね、パパなんだから」

院長先生のライフプランにそって、必要なマネープランを考えてみましょう。モデルケースとして、院長、妻、医院を承継する子どもがいる家族を想定しました。

1　30歳代（結婚）

勤務医として働いています。勤務医時代に必要なマネープランにおいて最大のものは、独立のための資金づくりでしょう。また個人的には、結婚して家庭をもち子育てが始まる頃です。子どもの将来についても考え始めないといけません。この時期にしておきたいマネープランニングは次のとおりです。

①開業資金の準備

将来の独立開業に向けた資金の積立てが必要です。診療所を自身で建設する場合や多額の設備投資が必要な診療科の場合は、億単位の資金を用意する必要があります。

②教育資金の準備

子どもが医学部に進学するためには多額の教育費がかかります。早い段階からそのための学費を積み立てておく必要があります。教育資金が必要となるのは、ずいぶん先のことですから、時間を味方につけた運用も視野に入れることができます。長期の運用であればリスクを低減できますので、預貯金だけでなく運用型の金融商品や生命保険の活用、直系尊属からの教育資金等贈与の非課税の特例を活用するなども検討したいところです。

③疾病や災害への対策

家族への責任ある立場になった以上、疾病や災害への対策も考えておきたいところです。大きな災害が相次いで発生している昨今の状況を考えれば、地震保険への加入、災害時に必要となる流動性資金の確保、住宅の補強などはしておきたいものです。また、ドクターだけでなく家族の疾病対策のための保険加入もしておく必要があります。

④住宅ローンの早期返済

支払いが長期にわたる住宅借入金は、元本が大きいほど、返済額に占める金利の割合は高くなります。今後、開業資金の借入れもしなければなりませんので、できるだけ繰上返済をして、金利負担を減らすのが健全なマネープランです。

2　40歳代（独立開業）

　いよいよ独立して開業する時です。最大のプランニングは、開業資金の工面です。開業当初は、収入が少ないためキャッシュフローにはあまり余裕がありません。この時期にすべきマネープランニングは次のとおりです。

①開業資金の借入れ

　独立開業当初は、開業資金の借入金が大きな負担となります。開業まもない頃は患者さんが少なく、収入と支出のバランスをとるのが大変です。開業資金については、元本返済の据え置きなどをして、当面の運転資金の確保を目指すのも一案です。

②休業補償対策

　院長が病気やけがで就労できなくなることも想定しなければなりません。生活資金、借入金の返済、従業員への休業補償、地代・家賃など月々の固定費をまかなう対策が必要です。所得保障保険を検討してみましょう。

③損害賠償対策

　医療事故や医療訴訟への対策は必須です。万一、賠償金等の支払いが発生すると、資金不足に陥ってしまうおそれがあります。掛け捨ての保険などを活用して、多額の補償金支払いのリスクを取り除くことを検討しましょう。

④老後資金積立

　院長先生が勇退後に受け取る年金や共済に少しでも早く加入し、将来の生活資金を確保しましょう。また、住宅ローンの利子は、事業上、経費扱いとはならないため、繰上返済などで借金を減らしたほうが、老後資金の確保につながります。

3　50歳代（医療法人化の検討）

　クリニックの運営が軌道に乗ってきた頃です。医療法人化を検討するとともに、退職金の準備など、後々のことを考えて手を打つ時期です。

①死亡時の退職金対策・勇退時の退職金対策

　院長の退職金準備を始める時期です。医療法人化した場合には法人契約による生命保険の活用が考えられます。その場合契約内容にもよりますが、保険料

の全部または一部を法人の経費にすることもできます。たとえば払い込んだ保険料に対する返戻率が高い商品を選ぶなど、法人契約を有効に活用します。
②相続・事業承継対策
　院長が亡くなった後、個人の住宅ローンは、団体信用生命保険契約によって残債務はなくなりますが、事業用の借入金はそうはいきません。身内に借入金の負担を負わすことのないように、生命保険に加入しておく必要があります。また、そろそろ院長自身の相続対策を考え始める時期です。相続対策の基本は生前贈与です。長く、少しずつ、多くの人に、です。

4　60歳代以降（勇退）

　サラリーマンでいうなら定年です。そろそろ勇退し、クリニックを息子に譲る時がきます。開業資金の援助をどうするか思案のしどころです。また、相続対策を本格的にしなければいけない時期です。
①子どもの開業資金援助
　クリニックの敷地の名義はどうするのか、運転資金は貸すのか贈与するのか、など将来発生する相続を考慮したプランニングが必要です。
②相続税納税資金対策
　事業勇退後に受け取った退職金、いままでの事業収入による蓄えなどを整理して、現時点における相続税を試算してみましょう。相続税額が把握できたら、その相続税を支払うための納税資金を確保します。生命保険の活用も考えてみましょう。
③第一次遺産分割調整対策
　勇退後は時間に余裕ができます。この時間を使って、院長ご自身の相続について真剣に考えてみましょう。院長の相続が発生すると、相続人で財産分割協議が行われます。その際、「争族」とならないようにするためには、遺留分を考慮した遺言書を作成するなど、万全の相続対策が必要となります。また、遺言書があればもめないというものでもありません。相続人となる家族などとコミュニケーションをとって、遺言の内容について納得させておく必要があります。なお一次相続をプランニングするにあたり、将来、配偶者が亡くなった際の二次相続も視野に入れておくとよいでしょう。

図表1-3　ドクターの年代別マネープラン

30歳	40歳	50歳	60歳勇退	65歳	70歳	相続
結婚	個人開業	法人成り	（みなし退職）			

勤務医時代
・開業資金積立
・教育資金積立
・疾病・災害対策
・住宅ローン等返済

開業医時代
・事業借入金返済
・休業補償対策
・損害賠償対策
・老後資金積立

医療法人時代
・死亡時退職金対策
・勇退退職金対策
・相続・事業承継対策

セカンドライフ
・高齢者医療対策・介護対策
・勇退後遊興費対策
・相続税納税資金対策
・第一次相続遺産分割調整対策
・第二次相続遺産分割調整対策

◀┈┈┈┈┈┈┈ 遺族の生活保障対策 ┈┈┈┈┈┈┈▶

第1章　今日の相続事情

1-4
なんで母に税務調査が入るの？
［税務調査の基準］

母　「今日ね、税務署から電話があったのよ」

院長　「税務署から電話？　クリニックなら話はわかるが、どうして母さんに税務署から電話がかかってくるんだ？」

母　「それがね、去年亡くなったお父さんの相続税の申告について、税務調査がしたいそうなのよ」

院長　「えっ、相続税の税務調査がうちに？」

母　「なんだか不思議な感じがするでしょう。だって、そんなに多大な財産を相続したわけじゃないし、映画でみたけど税務調査って、隠し金庫とか金の延べ棒とか探すんでしょ。でも、うちにはそんなのないじゃない」

院長　「そうだよなあ。そもそも相続税の税務調査って、ある程度の相続をすると必ず入るものなのかなあ」

母　「いやだわ。気味悪いわよね。税金のことはあなたたちに任せていたけれど、なにか申告に問題があったのかしら」

院長　「院長仲間の話だと、いったん税務調査が入ると、かなりの確率で申告漏れを指摘されるらしい。いったい何が気になって調査にくるんだろう……」

1 相続税の調査が入る確率

　毎年年末頃に、相続税の申告に関する状況が国税庁より発表されます。図表1－4は、それの過去5年分を比較したものです。平成26年分と比較し、基礎控除額が引き下げられた平成27年分の課税割合は約2倍近くとなり、単純に相続税が課税された人が倍となりました。基礎控除額引下げの影響が如実に現れています。

図表1－4　相続税の申告事績について

		平成24年分	平成25年分	平成26年分	平成27年分	平成28年分
①	被相続人数（死亡者数）（人）	1,256,359	1,268,436	1,273,004	1,290,444	1,307,748
②	相続税の申告書（相続税額があるもの）の提出に係る被相続人数（人）	52,572	54,421	56,239	103,043	105,880
③	課税割合（②／①）	4.2	4.3	4.4	8.0	8.1

（出所）　国税庁「相続税の申告事績」より作成

　では、相続税の税務調査は、どの程度行われているのでしょうか。また、実際に税務調査が行われた場合、相続財産の申告漏れが指摘されたのはどのくらいでしょうか。データで確認してみましょう（図表1－5参照）。

　この図表は、国税庁から発表される、各事務年度（当年7月から翌年6月までの間）における「相続税の調査の状況について」をもとに、過去5年分を集計したものです。

　先ほどの図表1－4と図表1－5をみてください。「年分」と「事務年度」では集計期間が異なりますが、単純に、平成28年の件数を比較してみましょう。

　平成28年度の相続税の申告書の提出に係る被相続人数は105,880人であるのに対して、平成28年事務年度の相続税の実地調査件数は12,116件です。税務調査が実際に行われた割合は11.4％という結果です。しかし、そのうちの約8割

図表1−5　相続税の調査事績について

		平成24年度	平成25年度	平成26年度	平成27年度	平成28年度
①	実地調査件数（件）	12,210	11,909	12,406	11,935	12,116
②	申告漏れ等の非違件数（件）	9,959	9,809	10,151	9,761	9,930
③	非違割合（②／①）	81.6%	82.4%	81.8%	81.8%	82.0%
④	申告漏れ課税価格（億円）	3,347	3,087	3,296	3,004	3,295
⑤	追徴税額（億円） 本税	527	467	583	503	616
⑥	加算税	83	71	87	80	101
⑦	合計	610	539	670	583	716
⑧	実地調査1件当り（万円） 申告漏れ課税価格（④／①）	2,741	2,592	2,657	2,517	2,720
⑨	追徴税額（⑦／①）	500	452	540	489	591

（出所）　国税庁「平成24〜28事務年度における相続税の調査事績について」より作成

について申告漏れが指摘され、さらに相続税の税務調査1件当りの申告漏れ課税価格は2,720万円、その追徴税額の平均は591万円となっています。いったん税務調査が入ると、非常に高い割合で相続財産の申告漏れが指摘されることがわかります。

2　税務署はここをみている

　相続税の税務調査は、相続税の申告をした人すべてを対象にしているわけではありません。基礎控除額の減額により相続税の申告者が著しく増加し、税務調査の対象となる者の割合は減少しましたが、毎年の実地調査は一定数行われています。では、どのような人に対して税務調査が行われるのでしょうか。

　選定基準として以下があげられます。これらに該当する場合は、後日、相続税の税務調査の対象となる可能性が考えられるため、申告する前に税理士等と相談して、慎重に申告書を作成する必要があります。

①死亡直前に多額の預貯金の引き出しがある場合

　相続が発生すると、被相続人名義の金融機関の口座は凍結されます。すぐに必要となる葬式費用やそれ以後の生活資金を確保するために、亡くなる直前に

現金を引き出すケースはよくあります。しかし、その額が多額であり、それに見合うだけの現預金が申告書に記載されていない場合は、申告漏れの可能性を疑われます。

　税務署は、被相続人やその家族の取引先金融機関の預貯金の動きを、あらかじめ調べてから税務調査に入ります。

②収入状況に対して申告財産が過少である場合

　被相続人の給与収入や事業収入、または不動産売却による多額の収入などから、当然それに見合う財産があるものと考えられます。

　もし、財産に見合う申告がなされていない場合は、被相続人の親族に金銭が移動されたことが疑われ、相続財産の計上漏れを指摘されるおそれがあります。

③財産の評価の不備や計算の誤りがある場合

　相続財産の評価方法は非常に複雑です。もし、財産評価の計算において、資料の不備や計算誤りが認められた場合は、税務署は是正する義務があるため、税務調査を通してその内容を確認します。

④相続財産が多額である

　所得税と同じく、相続税も遺産額に応じて税率が上がる超過累進課税制度を採用しています。当然ですが、遺産額が大きければ、申告漏れ財産があった場合の相続税額も大きくなります。このため相続財産が多額な申告者については、税務調査が入る確率が非常に高くなります。

Column

税務署も正直者には優しい？

　相続税の申告書は、原則として、相続を知った（被相続人の死亡）日の翌日から10カ月以内に税務署へ提出しなければなりません。提出された申告書を受けて税務署では、申告された相続税の申告内容に誤りがないか、漏れている財産がないか等、綿密に精査し、税務調査を行うか否かの判断をします。

　相続税の税務調査は、対象者（被相続人）が亡くなってから2、3年後（相続税申告書を提出した1、2年後）に行われるのが一般的です。ただし、提出された申告書のすべてについて、税務調査が行われるわけではありません。

　では、もし申告書提出後に、知らなかった金融機関の通帳や貸金庫から金地金が出てきたら、あなたはどうしますか？

　相続税の申告内容を訂正する方法（修正申告書の提出）は2種類あります。

　①相続財産を引き継いだ者が自ら修正する方法
　②税務調査などで税務署から指摘されてから修正する方法

　相続税の修正申告書の作成は、専門家に依頼するため、相応の時間と作成費用の負担が生じます。申告漏れの財産については、いっそのこと何もみなかったことにしようと思う人もいるかもしれませんが、税務署から指摘を受けた場合はペナルティーが課されることになります。逆の見方をすれば、自主的に納めた人にはメリットがあるということです。具体的にご説明しましょう。修正申告をした場合に納めなければならない税金は次の3種類です。

　・本　税（当初払うべきだった税額との差額の税額）
　・延滞税（申告期限後に訂正した申告書を提出したことによる「遅延利息」的な税金）
　・加算税（当初提出した申告書が誤りだったことによる「罰金」的な税金）

　このうちの加算税については、自主的に修正申告した場合、税率の軽減や免除などのインセンティブが付与されています。税務署も自ら誤りを認め、正直に申告した者には、わずかに優しいのです。

Column

この質問に答えられますか？

　実際に相続税の税務調査が行われた場合、財産状況だけではなく、被相続人の仕事や性格などの人となりについて、質問形式で尋ねられることが多くあります。なぜでしょうか。ここでは、よくある調査官の質問と、その裏にある意図をみてみましょう。

　相続税の調査官は、居住地の近隣地域のことや世間話から話を始め、家族の気持ちを和らげてから、本題に入るケースがほとんどです。尋ねた内容については、事前に金融機関などから把握した情報と突合してチェックします。

　相続財産の管理・運用について、すべて被相続人が行っており、家族はほとんど把握していないケースも多々あります。調査官から尋ねられたことについては、あいまいに答えるのではなく、「昔のことなので記憶があいまいです。調べてからお答えします」などと返答し、あらためて事実確認をするのがよいでしょう。

Q　家族の状況を教えていただけませんか？
　父母、配偶者、子ども、孫の氏名・住所・職業について尋ねられます。これにより収入状況を把握し、家族名義の預金のなかに被相続人の財産が混在していないかを確認します。兄弟の子ども（甥姪）にも同様に尋ねることがあります。

Q　どのような状況（病名等）で亡くなったのですか？
　亡くなる直前に、多額の現金が移動されていることを確認できた場合、それが亡くなった人の意思に基づいて行われたのか、家族の意思で行われたのかを確認するための質問です。病気で寝たきりであったり、認知症であるなど意思表示がうまくできないのに、預貯金が移動されているケースでは、その内容に疑問をもたれるからです。

Q　亡くなった人の趣味は何ですか？
　趣味に関する高額な財産（ゴルフが趣味ならゴルフ会員権、骨董品収集が趣味なら高額な美術品など）が遺されていないかを確認するための質問です。

Q　亡くなった人の取引金融機関をすべて教えていただけませんか？
　相続人に取引金融機関（銀行、農協、郵便局、生命保険会社、証券会社等）を尋ねることで、申告が漏れている金融機関がないかをチェックします。部屋にかけられた金融機関のカレンダーや被相続人宛のダイレクトメール・手紙類などから取引の有無が推察されることもあります。

Q　葬式の香典帳をみせていただけませんか？
　弔問客のリストを確認することで、申告書に記載のない金融機関等の有無や、生前に付き合いのある取引先を把握しようとします。

Q　あなたのお名前を書いていただけますか？
　家族の筆跡確認が行われます。特に、本人の意思に基づかない預貯金の引出しが行われていないかどうかを調べます。金融機関に提出された伝票の文字から、だれがその口座から現金を引き出したかを把握します。

Q　毎月の生活費はどのくらいでしたか？
　毎月、預貯金口座から引き出されていた金額と、口頭で尋ねた毎月の生活費が一致しているか調べます。毎月の生活費よりも現金の引出し額が多い場合には、タンス預金の存在が疑われます。

Q　3年以内に多額の入出金がありましたか？
　相続人などに多額の現金の入出金があるかどうか尋ねます。入金があればその資金源はどこからか、出金であればその使途について問われます。相続開始前3年以内に行われた、被相続人から相続財産取得者（遺贈も含みます）への贈与財産は相続税の対象となるためです。

Column

民法改正について

　平成30年7月6日、国会において民法等改正案が可決成立しました。これは約40年ぶりとなる相続法制の改正となります。ここでは主要なものを何点か解説いたします。ページ数が限られていることから、細かい規定等については省略しておりますのでご了承ください。

配偶者居住権

　自宅の所有権が故人名義であった場合に、遺された配偶者が自宅に居住し続けるための権利を明確化し、保護するための改正が行われました。

　今回の改正で、自宅に対する権利として、所有権のほかに「配偶者居住権」が新たに新設されました。

　また、相続の開始から遺産分割が終了するまでの間、それまでの住居に無償で住むことができる「配偶者短期居住権」も明文化されました。

生前贈与の持戻し免除規定

　持戻しとは、生前贈与された財産を、相続財産に加えることをいいます。これは生前贈与を受けた相続人と、受けていない相続人の公平を図ることが目的の規定です。

　今回の改正で、婚姻期間が20年以上ある配偶者が自宅の生前贈与等を受けた場合について、その自宅は原則として相続(遺産分割)の対象から除外されることになりました。

介護等に貢献した親族(特別寄与者)の金銭請求権

　これまでは、妻が夫の親(義父、義母)を介護した場合など、相続人以外の親族が介護をしても、寄与分は認められていませんでした。

　今回の改正で、相続権がない親族(上記の例では妻)も相続人に対して金銭を請求できることになりました。

> 預貯金の仮払制度

　故人の預貯金口座は、亡くなった時点で凍結され、遺産分割が終了するまでは現金が引き出しにくくなります。しかし、実際には遺された配偶者の生活費や葬儀費用などでお金が必要になるケースがあります。
　今回の改正で、凍結された預貯金口座について、遺産分割が終了する前でも一定の金額までは引き出し（仮払）をすることが可能になりました。

> 遺言書に関する制度の見直し

　これまで自筆証書遺言を行う場合は、財産目録も含めすべて自筆で作成する必要がありましたが、今回の改正で財産目録についてはパソコン等からプリントアウトしたものも認められることになりました。この場合、偽造防止の観点からすべてのページに自筆の署名押印が必要になります。
　また、遺言書を法務局に保管する制度も新たに設けられました。

> 改正の施行日

　これらの改正の施行期日は、以下のようになっております。
・原則的な施行期日（以下に記載する以外の規定）：平成31年（2019年）7月1日
・自筆証書遺言の方式緩和：平成31年（2019年）1月13日
・配偶者居住権：平成32年（2020年）4月1日
・遺言書を法務局に保管する制度：平成32年（2020年）7月10日

第 2 章
相続が発生した場合の手続

2-1

相続手続って、何をどうしたらいいのですか？

［相続手続の流れ］

院長　「母さん、明日は診療を再開しないといけないからもう帰るよ。何かあったらけいこ（院長妻）に電話してね。当面の生活費は母さんの口座に送るから、お金の心配はしなくていいからね」

母　「私は大丈夫。それよりも2日も休んで患者さんも待っているだろうし、早く戻ってあげなさい。これからは時間があるときに少しずつお父さんのいろいろなものを整理をしていくから」

（7カ月後）

母　「もしもし、けいこさん、つとむ（院長）はいま、電話に出られるかしら」

妻　「あっ、お母さま少しは落ち着かれましたか。つとむさんは、診察中なので電話には出られませんが、何かあったのですか」

母　「うちはそれほど財産もないし、相続人は私とつとむだけだから、ゆっくり手続すればいいと思って、のんびり構えていたのよ。そうしたら、今日、税務署から郵便がきたのよ。それでね、開けてみたら、相続税がどうのこうの、亡くなってから10カ月以内に申告しなさいと書いてあるのよ。どうしたらいいのかしら」

妻　「亡くなってから10カ月以内って、あと3カ月しかないじゃないですか。今晩、つとむさんに伝えますけど、とりあえず明日、私がそちらへうかがいますね」

相続の手続は、亡くなった人（被相続人）の生活に応じてさまざまです。期限のあるものも少なくありません。かといって、あわてて手続に走ると、書類不足で同じ手続に何度も足を運ぶことにもなりかねません。

相続が発生したら、まず、どのような手続があるか、いつまでにしなければいけないのか、どこで手続をするのか、その際の持ち物は何か、などを確認する作業から始めましょう。そして、行き先別に手続を分類して、何度も出向くことがないようにします。相続の手続は、しっかりと計画を立ててから始めることが大切です。以下、ポイントとなる手続についてみていきましょう。

1　必要な書類は一式にする

市区町村役場で除籍の処理が済みしだい、被相続人が死亡により除籍となったことを証明する書類、つまり戸籍謄本または除籍謄本を取得します。あわせて相続人がだれなのかを証明する書類、つまり被相続人が生まれてから死亡までの戸籍（戸籍謄本・除籍謄本・改製原戸籍）が必要となります。相続人にあたる人についても、戸籍謄本・住民票・印鑑証明をそろえる必要があります。

以上は相続手続で必要となる書類です。一式をクリアファイル等に入れておき、手続の際には、そのファイルごとを持参するようにすれば、書類不足を防ぐことができます。

ほとんどの手続では、原本を返してもらえますが、それでも郵送等で提示する場合は書類が戻ってくるまでにタイムラグが生じます。再度書類を集めるのはとても大変ですから、各書類は多めに取得しておくようにしましょう。

2　変更・解約手続は早急に

金融機関は、相続が発生したことを知ると、被相続人の預貯金口座を凍結し、入出金ができなくなります。その口座が公共料金等の引落口座であった場合は、口座変更の手続をしない限り、そのつど、振込手続をしなければなりません。

また、被相続人の携帯電話、インターネットのプロバイダー契約、各種会費等は、解約の手続をしない限り請求が続きます。早めに解約の手続をしましょう。もし、過去の請求書の保管場所がわからず、どのような支払いがあるのか

図表2-1 相続の手続と期限

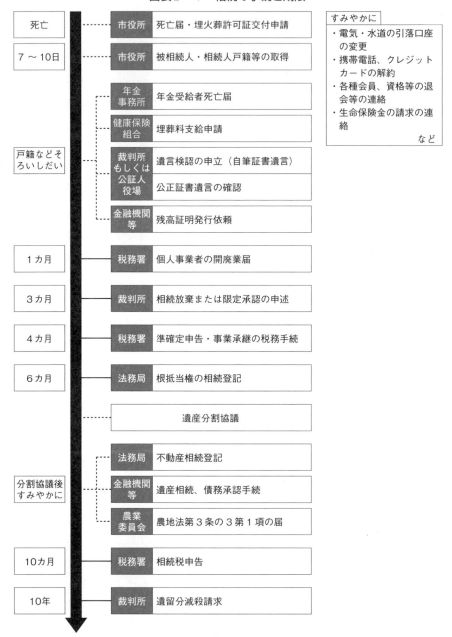

不明な場合は、被相続人の通帳を1年分さかのぼって調べて、口座変更や解約の連絡をするとよいでしょう。

3　相続人代表名義の口座を作成

相続発生とともに、被相続人の財産は、すべての相続人の共有財産となります。この共有財産について、相続人の間で遺産分割協議をして、財産分けをして、名義変更をするのですが、この間に入ってくるお金があります。国民健康保険などから支給されるお金、経営していた賃貸不動産の賃料などです。

これらのお金は、被相続人の口座は凍結されているため、相続人のだれかの口座に入金をしてもらうようにする必要があります。しかし、ひとりの相続人の既存口座に入金すると、後々の精算が複雑になりますし、ほかの相続人の疑念を呼び、争いの火種になるおそれもあります。

相続が発生したら、ほかの相続人の了解を得て、相続人代表者（手続を主に行う者）名義で相続専用の口座をつくり、その口座で管理するようにすれば、遺産分割協議後の精算がスムーズにいきます。

4　準確定申告の申告期限に注意

相続では、相続税の申告に注意が集中しがちですが、被相続人の確定申告も忘れてはいけません。これは、被相続人が亡くなった年分（前年以前の分が未申告の場合はその年分）の所得税や消費税の確定申告のことで、「準確定申告」といいます。

申告期限は、相続開始を知った日から4カ月以内です。通常の確定申告の期限とは異なりますので注意してください。ほかの手続に追われているうちに、気がついたら申告期限を過ぎていたということになりかねません。なるべく早い段階で源泉徴収票など、申告に必要な資料を整えておきましょう。過去の申告内容がわからない場合は、税務署の申告書閲覧サービスを使い、さかのぼって確認することができます。

5　署名・押印はできる限りまとめて

遺産分割協議書には「相続人全員」が各自署名し、実印を押印します。署名・押印しなければいけない書類は、遺産分割協議書だけではありません。金融機関の名義変更手続など多々あります。

そのたびに、すべての相続人、特に遠方の相続人に署名・押印を求めるのは大変です。それが原因で相続人のうちひとりでも気分を害したら、せっかくまとまった協議も振出しに戻ってしまうかもしれません。

そうならないためには、名義変更の書類は遺産分割協議までにすべてそろえ、署名・押印の有無を確認しておき、遺産分割協議の際にすべて済ますことができるようにしておきましょう。

6　税理士に相続税申告の依頼をするのは早めがよい

相続税の財産評価や計算は大変複雑です。納税額が高額になるケースも多いため、税理士によっては、相続税の申告を請け負わないこともあるほどです。

また、概算を出した結果、納税資金が不足していた場合、所有する不動産を売却するなどして、申告期限（相続発生を知った日の翌日から10カ月以内）までに納税資金を用意したり、延納・物納・納税猶予等の検討をしたりする必要があります。特に不動産を売却して納税資金を確保する場合は、売却するうえで許認可が必要となるものもあり、売却代金が入金するまでに相当な期間を要します。

このため、相続税の申告にあたっては、できる限り早期に専門家に相談して、納税額の概算、納税資金確保の方法を検討する必要があります。

Column

埋葬に関する給付金

　埋葬に関する給付についてご説明します。もらうことができる人は、原則、「家族」です。健康保険法でいう「家族」とは、被保険者に生計を維持されていればよく、親族であることや同居していたかどうかは問われません。遺族や相続人とは限りません。

　亡くなった人に家族がいない場合は、葬祭を執り行った人になります。極端な例として、社葬を行った場合にはその法人が申請できることになります。

　金額は、一般的に5万円です。一般的というのは、次の制度に加入していた場合をいいます。

　①75歳以上を対象とした「後期高齢者医療制度」
　②勤務医などを対象とした「全国健康保険協会（協会けんぽ）」「健康保険組合」「共済組合」
　③それ以外の人を対象にした「各自治体の国民健康保険」

　開業医を対象とした「医師国保」や「歯科医師国保」に加入していた場合は異なります。都道府県によって異なりますが、愛知県医師国保を例にすると次のとおりです。

　1．正組合員の場合
　　・加入歴10年以上で50万円
　　・10年未満で10万円
　2．准組合員（正組合員以外）の場合
　　・加入歴10年以上で20万円
　　・10年未満で10万円
　3．用意するもの
　　・申請書類
　　・健康保険証
　　・印鑑
　　・振込先口座番号

・埋葬許可証か死亡診断書のコピーなど
・（家族以外が申請するとき）会葬礼状か葬儀費用領収書など

※これらの給付は、葬儀を行った翌日から2年以内に請求しないと時効となります。

※金額や制度は平成26年度のものです。詳細は各保険者にお問い合わせください。

Column

年金の手続も忘れずに

　年金を受けている人が死亡したときは、市区町村役場へ「死亡届」を出すだけでなく、年金事務所へ「年金受給権者死亡届」の提出が必要になります。

　年金を受ける権利は、受給者が死亡すると失効しますが、上記の届出を怠ると年金支給は停止されずに、年金は引き続き口座へ振り込まれます。受給者の死亡後に受け取った年金は、全額または一部を返還することになり、不正な手段により国民年金の給付を受けた場合は、3年以下の懲役または100万円以下の罰金という重いペナルティーが課せられます。

　ところで「未支給年金」という言葉をお聞きになったことはありますか。年金は、偶数月に前月分までが支払われます。たとえば4月に受給者が死亡すると、4月に振り込まれる年金は2月、3月分になります。4月分の年金は、「未支給年金」として請求する必要があります。

　「未支給年金」を請求できる遺族は、故人と生計を同じくしていた人で、優先順位でいうと、配偶者→子→父母→孫→祖父母→兄弟姉妹の順です。なお、平成26年4月からは新たに三親等以内の親族も請求できることになりました。

　請求書には添付書類が必要です。故人の年金証書、年金手帳、除籍謄本（死亡診断書でも可）、請求者の戸籍謄本、世帯全員の住民票、預金通帳、生計同一関係を証明する書類、請求者本人の確認書類などがあり、準備はひと苦労です。

　なお、受給権には時効もあります。諸届はすみやかに行いましょう。詳しくは最寄りの年金事務所へお問い合わせください。

2-2

個人医院の相続手続は院長を交代するだけ？

[個人医院の相続手続]

長男　　「母さん、父さんの葬式でだいぶ疲れただろう」

副院長　「そうね。突然のことで大変だったわね。でも大変なのはむしろこれ
（母）　からなのよ。院長だったお父さんが亡くなって、これからクリニック
　　　　をどうしていけばいいのかしらね。不安でしょうがないのよ」

長男　　「いままで母さんが副院長として、二人三脚で築いてきたクリニック
　　　　なんだから、これからは、母さんが院長となって守っていけばいい
　　　　じゃない。患者さんだって、顔見知りの母さんが継いだほうが安心す
　　　　ると思うよ」

副院長　「そうよね。患者さんが待ってくれているし、早く再開しないといけ
　　　　ないわね。でも、どういう手続が必要なのかしら。院長の交代だか
　　　　ら、そういう届出を出すだけでいいような気もするけど」

長男　　「本当にそれだけでいいのかなあ。金融機関からの借入れや医療機材
　　　　のリースなんかもあるんだろ。それはどうするの？」

副院長　「あれもこれもできないから、まずはお父さんの相続手続を済ませて
　　　　からでもいいかしら。そのうちに知り合いのクリニックに聞いてみる
　　　　から」

長男　　「そんなにゆっくりしていていいの？　期限がある手続もあるんじゃ
　　　　ないの」

会話のように、個人クリニックの院長（事業主）が急死した場合の相続手続について考えてみましょう。たとえクリニックの後継者は決まっており、すぐに業務を引き継げたとしても、単純に院長を交代すればよいというわけではありません。

(1) **廃業と開業の手続**

亡くなった院長のクリニックを「廃業」し、承継者が新たにクリニックを「開業」する、という二つの手続を踏まなくてはいけません。

(2) **クリニック財産の相続手続**

法人と違い、亡くなった院長名義のクリニックの財産はすべて院長の相続財産となります。したがって、クリニックの債務についても承継の手続をする必要があります。

(3) **後継者が使用するための手続**

相続にあたって、そのクリニックの財産等を後継者が相続できればいいのですが、ほかの相続人が相続した場合は、後継者はその相続人から賃借または売却してもらう必要があります。その判断をしなければならず、しかも手続には期限があるものもあります。

まずは、クリニックの財産と債務を洗い出して、後継者はだれか、事業に必要な資金をどうするのか、借金やリースなどの債務はどうするのか、またそれらを承継するために必要な手続は何かを確認する必要があります。

(4) **労務関係の手続**

前院長からの引継ぎ事務を従業員にしてもらうにあたり、あらためて給与や労務関係の手続が必要になることも考えられます。

このように、個人クリニックの院長に相続が発生した場合は、後継者の有無に関係なく、相続の手続について検討する課題が多く、複雑です。これらの手続を後継者ひとりですべて行うのはかなり困難でしょう。

かといって、相続の手続のためにクリニックを長期にわたって休院すると、患者さんや従業員も離れてしまいます。これでは、せっかく後継者がクリニックを再開しても、新規に開設した時の状態に戻ってしまうおそれがあります。

費用はかかりますが、相続が発生したら早急に専門家に依頼するなどし、後継者が医療に専念できる環境を早く整えるほうが結果的にはトクになるといえ

るでしょう。

図表2－2　個人医院の院長相続手続と期限

	内容	手続先	期日
亡くなった院長に関する手続	診療所開設者死亡届	保健所	廃止後10日以内
	医師・歯科医師免許の籍登録抹消申請		死亡後30日以内
	保険医療機関廃止届	厚生局	すみやかに
	個人事業の廃業届出書	税務署	死亡後1月以内
	個人事業者の死亡届出書（消費税課税事業者であった場合）		死亡後すみやかに
	給与支払事務所等の廃止届出書		死亡後1月以内
	（住民税）特別徴収義務者の廃業届	従業員の市町村	すみやかに
	雇用保険適用事業所廃止届	公共職業安定所	死亡後10日以内
	確定保険料申告書	労働基準監督署	死亡後50日以内
	資格喪失（脱退）届	医師国保	すみやかに
	適用事業所全喪届ほか	協会けんぽ	廃業後5日以内

	内容	手続先	期日
承継する院長に関する手続	診療所開設相談	保健所	開設前に
	診療所開設届		開設後10日以内
	保険医療機関指定申請書	厚生局	指定を受ける日の前月の定められた日まで
	保険医療機関訴求願		
	個人事業の開廃業等届出書	税務署	開始後1月以内
	青色申告承認申請書		事業開始後2月以内（相続承継の場合死亡後4月以内）※
	青色専従者給与に関する届出書	税務署	支給開始後2月以内
	消費税課税事業者届出書（添付書類）相続・合併・分割等があったことにより課税事業者となる場合の付表		該当する場合すみやかに
	消費税簡易課税制度選択届出書		原則前年の12/31まで 相続承継の場合、承継年の12/31まで
	給与支払事務所等の開設届出書		開設後1月以内
	源泉所得税の納期の特例の承認に関する申請書		適用を受ける月の前月までに
	（住民税）特別徴収への切替申請書	従業員の市町村	特別徴収をする場合
	雇用保険適用事業所設置届	公共職業安定所	保険関係が成立した日の翌日から10日以内
	雇用保険被保険者資格取得届		被保険者となった日の属する月の翌月10日まで
	国民健康保険被保険者資格取得届ほか	医師国保	適用を受けようとする日から5日以内
	任意適用申請書ほか	協会けんぽ	従業員の2分の1の同意後、すみやかに

※1. 死亡の日が1月1日から8月31日…死亡の日から4カ月以内
 2. 死亡の日が9月1日から10月31日…その年の12月31日まで
 3. 死亡の日が11月1日から12月31日…その年の翌年の2月15日まで

2-3

後継者が理事かどうかで手続はこんなに違う！

[医療法人の理事長の相続手続]

長男　「母さん、おやじの告別式が終わったばかりでなんだけど、僕、大学病院を辞めて、おやじのクリニックを継ぐことにするよ」

母　「本当に？　まもる（長男）が父さんの医療法人を引き継いでくれるなら、父さんも天国で喜んでくれると思うわ」

長男　「早速、大学病院にそのことを話してくるよ。それで、医療法人の手続はどうしたらいいの。母さんは役員だから知っているよね」

母　「それが、詳しい手続はわからないの。医療法人を設立するときは専門家のアドバイスに従っただけだから、何をどうしたかよく覚えていないのが本当のところなのよ」

長男　「そうなんだ。何をしたらいいのかわかれば自分でやろうと思うけど。何をしたらいいんだろう」

母　「そんなに簡単じゃないわよ。たしか後継者が現在の医療法人の理事か理事でないかでだいぶ手続が違うって聞いたことがあるわよ」

長男　「複雑そうだなあ。僕は理事じゃないから、単純に理事になればいいだけなのかなあ」

母　「定款をみる必要がありそうね」

長男　「なんだかひとりで手続する自信がなくなってきたよ……」

医療法人の理事長が亡くなった場合、通常の相続の手続に加え、亡くなった理事長の医師免許に関する手続、医療法人の組織の変更をしなくてはなりません。
　厚生労働省によるモデル定款に沿って作成された定款であれば、理事長は理事のなかからお互いに選び合う（互選）定めになっており、理事長になるに

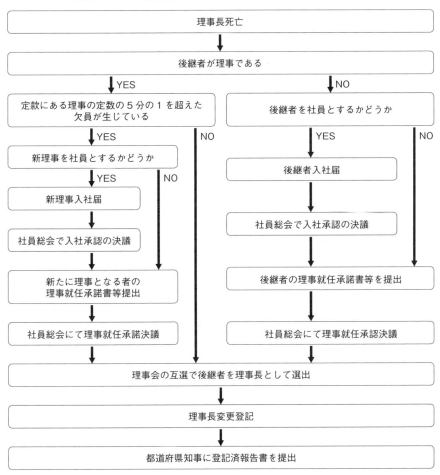

図表2－3　理事長死亡時の手続の流れ（社団医療法人）

※定款はモデル定款を用いる。

は、まず理事にならなくてはなりません。後継者が理事か否かで、以下のように手続の流れが変わります。

1　後継者が医療法人の理事の場合

(1)　理事の補充要件を確認

　一般社団医療法人で、モデル定款を採用している場合には、理事の定数の5分の1を超える者が欠けたときは、1月以内に補充が必要となる旨の規定があります。理事長が死亡したことによって、理事が1人欠けた状態になっていますので、その点をまずチェックしましょう。

(2)　新たに理事となる者の資格の確認

　新たに理事となる者については、成年被後見人などの欠格事由に該当しないか、関連するMS法人等の役員となっている場合には、「医療法人の役員と営利法人の役職員の兼務について（H24.3.30　医政総発0330第4号）」が定める例外条件を満たしているかどうかを確認する必要があります。

　また、分院がある場合、新たに理事となる者が医師であることが必要なケースもあります。医療法により、医療法人の各医療施設の管理者は医師であり、理事であるとされているためです（都道府県から認可を受けている場合を除く）。

　ですから、たとえば亡くなった理事長が本院の管理者で、後継者である理事が分院の管理者であった場合、相続後に後継者が本院の管理者になると、分院の管理者が不足します。その際、後継者以外の理事に医師である者がいない場合には、新たな理事に医師であり、かつ管理者としての資質を備えた者を迎え入れる必要が出てくるのです。

(3)　理事を社員にするかどうかの判断

　新たに理事となる者は、必ずしも社員である必要はないため、理事を社員にするか否かは、重要な事項の議決権をもたせるかどうかで判断します。社員は社員総会において医療法人の重要な事項（定款変更など）を決議する権限をもっていますが、理事はその社員総会で議決されたことをもとに、医療法人の日々の運営を担う者です。理事として迎え入れる者にどこまで権限をもたせるのかを考えて判断します。なお、医療法人の社員数について法律上の規定はありませんが、多くの都道府県では社員数が3人未満になることは行政指導の対

象になりますので、それも踏まえた判断が必要になります。また、株式会社などと違い、定款に定めがなければ、社員が出資持分を必ずしももつ必要はありません。

(4) 社員総会において理事として承認

新たに理事になる者が決まりしだい、理事就任承諾書・履歴書などの書類一式を提出してもらい、社員総会にて理事として選任します。この際、議事録を必ず作成します。

(5) 理事長および診療所管理者を選任

新たに理事となった者を含めて理事会を開き、理事からの互選で理事長を選出します。また、診療所の管理者の選任も、このとき合わせて行うとよいでしょう。

(6) 登記、都道府県知事・保健所等への届出

理事長に就任後、理事長変更登記をします。この際、新理事長が就任したことを証明する書類とともに、前理事長が死亡により退任をした旨を証明する書類も必要となりますが、相続人が作成した死亡届で十分です。登記後には都道府県に登記事項変更登記完了届を提出します。

また、保健所に役員変更届を提出します。理事長の変更だけではなく、理事の変更についても必要となりますので注意しましょう。また、診療所の管理者を変更した場合には、保健所に診療所開設許可（届出）事項一部変更届を提出します。

2　後継者が理事でない場合

(1) 後継者を社員にするかどうかの判断

前項でも述べたとおり、社員は医療法人の重要な事項を決議する権限をもっていますので、後継者でかつ親族という立場であれば、社員として入社することが望ましいと思います。しかし、社員になると、出資の有無やその多寡に関係なく社員総会において1人1票の議決権をもちますので、後継者に重要事項の議決権をもたせたくない場合には、社員にせずに理事（理事長）として法人運営を担ってもらいましょう。

(2) 後継者が理事に就任する手続から登記

　ここから先については、前記1と同様の手続となります。社員総会にて後継者の理事就任を承諾し、理事会の互選で理事長として選出（診療所管理者としても選出）されたのち、登記、都道府県への届出の手続をします。

　ここまでが一連の流れとなりますが、理事長交代に伴う診療所の閉鎖期間をなるべく短くするためには、これら手続を素早く行う必要があります。
　また、医療法人の形態によっては上記のほかにも手続が必要となる場合もあり、最初の段階から都道府県の該当部署に相談しながら行い、手続に漏れがないようにしなくてはなりません。
　議事録等書類の作成の負担もかなりのものとなりますので、医療法人の場合も相続手続については専門家に早急に相談することをお勧めします。

2-4
相続の手続は だれかに代行してもらえないのですか？
［相続手続を代行できる者］

長男　「早いもので、もう父さんの四十九日の法要かぁ」

母　　「そうね。あっという間だったわね。でも、ゆうき（長男）が父さんの医院を継いでくれることになって、ホッとしているわ」

長男　「大学病院の勤務医も大変なんだよ。テレビドラマにもあるように、派閥争いとか、研究論文の手伝いとか、接待の段取りまでやらされるときもあるんだ。もう十分勉強になったし、あのわずらわしさから解放されたいっていう気持ちもあるんだよ」

母　　「そうよね、人に仕えるのも大変よね。ちょうどいい時期だったんじゃないの。患者さんも待っていると思うし、早く医院を継ぐ手続しないとね」

長男　「うん。そうしたいんだけど、辞めるほうの段取りに忙しくて相続の手続をしていられないんだ。困ったなあ」

母　　「私ができればいいんだけど。いつもの税理士さんに相談しようかしら」

長男　「税理士？　税理士って税金の計算をするだけじゃないの？」

母　　「そうでもないと思うけど。事務所によっては、全部やってくれるんじゃないのかしら」

相続の手続は、相続人だけですべて行うこともできます。しかし、仕事の都合などでその時間がとれず、気がついたら期限ぎりぎりになってしまうこともありえます。

　亡くなった人の戸籍の取得など、相続人でなくても同居親族（相続人の配偶者や子）が代わりに行うことができるものもあります。

　ただし、金融機関の手続など、本人確認がかなり厳しくなっているものもあります。親族が代わりにできる手続かどうかを、事前に確認するようにしましょう。

　こうしたなかでも、専門家が代行できるものがあります（図表2－4）。ただし、得手・不得手や、手続の内容によっては法律の制約を受けるものもありますので、依頼をする際は代行してもらえるかどうか、どの手続を代行してもらえるのかを相談・確認しておきましょう。

　また、費用についての見積りもあわせて確認し、自分で手続した場合の時間や労力と比較して、どちらがよいかを検討してください。

　これらの専門家は連携をしていることが多くあります。たとえば税理士に依頼をすれば、その税理士が窓口となって、不動産登記に必要な司法書士等に取り次いでもらえることもあります。

　このように窓口を一つにできれば依頼が大変楽になりますので、専門家を選ぶ際は、連携のとれている専門家をお勧めします。

図表2−4　専門家が代行できる主な手続

戸籍謄本、住民票等、相続人関係の証明書類の取得	行政書士など
法定相続情報証明制度の申請 （法定相続情報一覧図の作成、取得など）	税理士・弁護士 司法書士・行政書士など
年金関係（埋葬費・遺族年金）	社会保険労務士
財産の調査 （残高証明取得、固定資産税評価証明書取得など）	税理士・弁護士 司法書士・行政書士
不動産登記関係（相続登記、所有権保存登記）	司法書士
不動産登記関係（土地分筆登記、建物滅失登記等）	土地家屋調査士 司法書士
不動産鑑定評価	不動産鑑定士
不動産以外の財産の名義変更手続	行政書士
所得税準確定申告、相続税申告ほか税務手続	税理士
遺言内容の執行、相続放棄・限定承認申立	弁護士・司法書士
分割協議の調停・審判、遺留分減殺請求	弁護士

2-5 子どもに迷惑をかけないために、事前にできる相続準備はありますか？

[相続の事前準備]

院長 「私も72歳だから、そろそろ相続のことも本気で考えないといけないですかね」

税理士 「先生のところは後継ぎさんもいるし、納税資金にご不安でも？」

院長 「それも準備しておくほうがいいと思うけどね。実は、私の父は病気になったと思ったら、あっという間に亡くなってしまったから、相続の時大変な苦労をしたんだ」

税理士 「隠し○○があったとか？」

院長 「いやいや、そんな艶っぽい話はなかったけれど、生前、何も聞かされてなかったから、財産は何があって、どこにあるのかさっぱりわからなかったんだよ」

税理士 「そうですか。どうやって財産を把握されたんですか」

院長 「家中、すべてひっくり返すくらい探し回ったり、あちらこちらに問合せをしたりしてね。われながらよくやったよ、あんな大変なことを」

税理士 「ほかの相続人さんは、どうしていたんですか」

院長 「財産がわからないと言ったら、いままで正月にも顔をみせなかった兄弟連中まで押しかけてきてね、私が財産を隠しているんじゃないかと疑って、連日家捜しさ」

税理士 「それで、前もって準備したいと思われたんですね」

院長 「そうなんだ。どんな準備をしておけば子どもたちに迷惑をかけないだろうか？」

相続が発生した際、相続人が最も困るのは被相続人の財産・債務について見当がつかないケースです。通帳や権利証、借入れの契約書など、大事な書類ほど被相続人にしかわからない場所に保管していることが多く、相続人が家中探しても見つからない、ということが多々あるからです。

(1) 不 動 産

不動産については権利証（登記済証）や登記識別情報の通知が見当たらなくても、固定資産税の納税通知書があれば所在等はわかります。しかし、その市町村の課税標準額の合計が20万円に満たない土地（田畑、山林が多い）や、30万円に満たない建物等については固定資産税が課せられないため、毎年の納税通知書が来ません。「北海道に山林があると生前に聞いてはいたけど、どこの市町村のどんな土地があるのかまったくわからない」。このようなケースでは、相続人は道内すべての市町村に電話をかけて、被相続人名義の土地があるかどうかを問い合わせしなければなりません。

(2) 預貯金や株式等

金融機関の預貯金口座や株式（特に単元未満株で特別口座保管になっているもの）については、通帳や証書等がなくても金融機関からの手紙や配当通知などを手がかりに、たどっていけます。しかし、このような手紙類は破棄されていることも多く、相続税の調査の際、税務署員から教えられて初めて預貯金等の存在を知るケースもあります。

(3) 戸籍謄本など

相続手続で必要となる被相続人の戸籍（戸籍謄本・改製原戸籍・除籍謄本）については、戸籍が複雑だったり、遠方の市町村に頼む必要があったりすると、調べたり取得したりするのに時間がかかり、相続手続をなかなか始められないことがあります。

こうした相続人の煩雑さを少しでも軽減するためには、相続が発生した際に相続人が取りそろえるであろう書類（資料編資料9参照）を、生前に自分で用意しておいてあげるとよいでしょう。

それらを一式ファイル等にまとめておけば、相続人は相続発生時の証明だけを取り寄せれば済むため、かなり負担が軽減されます。ちなみに改製原戸籍等

は相続発生後もそのまま使えますし、1通が1,000円前後と案外費用がかかるものもありますので、相続人の金銭的な負担も減らせます。
　ファイルの保管場所については、相続人にわかるようにしておくか、貸金庫等で保管しておき、いざという時は相続人に貸金庫をみるように伝えておくとよいでしょう。
　また、相続手続に必要な財産・債務の資料がそろっていれば、財産・債務の状況を把握することは容易です。専門家に相続対策等の相談をする際は、これら資料を提示すれば、より正確な相続税の試算や、よりよい対策の提案（処分したほうがよい財産などの提案）を受けられるようになります。

Column

法定相続情報証明制度

　平成29年5月29日より法定相続情報証明制度がスタートしました。
　従来は相続税申告、不動産の登記および銀行口座の名義変更等の相続手続において、お亡くなりになった方（被相続人）の戸籍謄本等の束を、役所や銀行等の窓口に何度も出し直す必要がありました。手続が煩雑になるだけでなく、戸籍謄本等の枚数が多くなれば、発行手数料（一般的に戸籍謄本1通450円、改製原戸籍謄本1通750円など）の負担も大きくなってしまうことがありました。
　新たに始まったこの制度により、法務局に必要書類を提出することで、登記官が認証した「法定相続情報一覧図の写し」の交付を受けることができるようになりました。交付手数料は無料です。また、相続手続に必要な枚数であれば、何枚でも交付を受けることができます。
　この書類は相続手続において上記の戸籍謄本等の束に代わって証明書として使用することができることから、相続人の方の負担を軽減することが期待されています。
　この手続は相続人のほか、弁護士・税理士・司法書士・行政書士などが代行することができます。

図表2-5 認証文付き法定相続情報一覧図の写し（記載例）

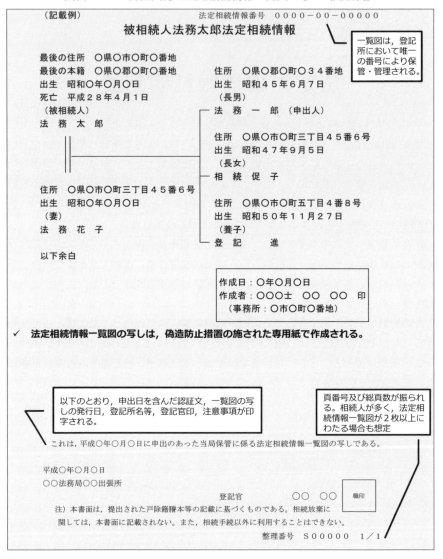

(出所) 法務省「法定相続情報証明制度について」

第 3 章
相続対策の基本と順序

3-1

相続対策は早く始めないとソンをする？

[相続税対策の手順]

院長 「やすし（長男）が勤務医をやめてうちのクリニックを手伝ってくれるようになって3年たったし、クリニックのことはもう心配ない。これからは、やすしが地域の人たちに愛されるように、私は裏方に回って応援したいと思っているよ」

妻 「そうね。やすしは、もう、うちの二代目先生としてしっかりがんばってくれているわ。あなたも、これからは、少しゆっくりさせてもらったら？」

院長 「そうだね。そういえば、この前、税理士から相続のことを少し聞かれたよ。いままでは忙しくて考える暇もなかったけど、これから相続対策のことも現実的に考えていこうかと思っているんだ」

妻 「たしかにそうね。先日、知り合いのクリニックでは、子どもが後を継いだときに、夫婦で相続対策を始めたといっていたわ」

院長 「そうなのか。僕たちは遅れているのか？ しかし、何から始めたらいいんだろう」

妻 「その知り合いのクリニックでは計画的に贈与しているらしいわよ。長い期間かけて対策しないと税金面でソンをするんですって」

院長 「えっ、のんきなことはいってられないな。すぐに税理士に電話しなさい」

相続対策の重要性については、ほとんどのドクターが理解しています。しかし、クリニックの経営に忙しい日々のなかで、実際、相続対策に取り組むのは容易ではありません。後継者が決まった時点で、ようやく現実的に相続の問題を考え始める人も多いのではないでしょうか。

しかし、相続対策は早く始めるほど、院長やその家族に多くのメリットがあります。これから、相続対策の具体的な手順をご紹介します。まずは対策の全体像を理解してください。

手順1　財産目録の作成

将来の相続に備えて最初にすることは、財産目録を作成して、現状の財産と債務を把握することです。相続が突然発生した場合でも、財産目録があれば、どこに何があるのかを一目瞭然に把握できるため、遺族の負担を減らすことができます。

なお、持分の定めのある医療法人については、その出資持分が相続税の課税対象となります。

手順2　相続税額の試算

財産目録を作成したら、所有財産に対するおおよその相続税額を確認します。相続税は財産が多い人ほど多額になります。なお相続税は一定額以上を相続した場合に課せられる税金です。よって、相続税の課税対象財産（課税価格の合計額）が基礎控除額以下である場合には、相続税は課せられません。

さて、財産目録を作成し、おおよその相続税額を把握したら、次は財産の内容を検討して具体的な相続対策に移ります。

手順3　相続対策①生前贈与

相続税を減らす方法の一つは、生前贈与によって実際に財産を減らす方法です。

なお、生前贈与で財産を贈与すると、受贈者（もらった人）に贈与税が課税されます。しかし、贈与税はその年の1月1日から12月31日までの1年ごとに区切って計算されます。また、基礎控除額が設けられており、受贈者1人当り年間110万円以下であれば課税されません。

この贈与税の仕組みからみえる生前贈与のポイントは、長い期間にわたって、多くの人に贈与することです。このように、相続対策の王道ともいえる生

前贈与は、早く始めたほうが有利になるのです。

手順4　相続対策②評価の引下げ

　相続財産の評価方法の違いを利用した対策です。同じ財産であっても、財産の種類によって評価方法が異なるため、評価額を引き下げることが可能です。たとえば、同じ5,000万円でも、現金と、5,000万円で購入した土地や建物では、評価額が異なります。

　また、小規模宅地等の評価減の特例を適用することで、土地の相続税評価額を80％または50％下げることができます。事前に適用要件を満たすようにすればかなりの節税効果が得られますので、ぜひこちらも検討してください。

手順5　納税資金の確保

　遺族に相続税の納税資金と生活資金を確保しておくのも重要な相続対策です。流動性の低い資産（土地など）から換金性の高い資産（現預金、株など）への組替え、生命保険の加入などが有効です。

手順6　遺産分割対策

　クリニックを承継する相続人と、ほかの相続人との間で、相続する財産に大きな差が生じる可能性がある場合は、相続トラブルを避ける対策が必要です。親子間で公平な財産の分割について日頃からよく話しあっておくことはもちろん、遺留分を考慮した遺言書を作成しておくことも有効です。

　遺産分割協議が申告期限までに整わないと、小規模宅地等の減額の特例などの相続税を軽減できる特典が受けられなくなってしまうおそれがあります。これではせっかくの相続対策が台無しになってしまいます。相続人が2人以上いる場合には相続でもめないようにしておくことが必要です。

3-2
贈与税ゼロで孫に医学部の進学費用をあげる方法
［生前贈与のポイント］

父 「リタイアして5年、今年で75歳だ。本格的に相続税対策をしなければいけないんだが、もっと早くからしておけばよかったと後悔しているよ」

院長 「リタイアしてから豪華客船で世界一周とか旅している間に、少し考えてくれればよかったのに」

父 「いやいや、本当に済まない。どうも自分が亡くなることを計画するのは、気が進まなくて、ついいままで先延ばしにしていたんだ」

院長 「う〜ん、正直にいうといまからじゃ遅いんじゃない？ いまは父さんも元気だけど、人間がいつ死ぬかなんてだれもわからないじゃないか。なんでもっと早く始めてくれなかったんだ。さとし（院長の子）は来年大学受験だよ。りさ（院長の子）は私立中学に通っているから、うちはこれからお金がかかるんだ。もし、いま多額の相続税を払うことになったら、その税金をどうしたらいいんだよ」

父 「なんとか短期間にできる相続税対策はないものかなあ。財産を減らせばいいんだから、また母さんと豪華客船の世界一周に出るしかないか」

院長 「まだそういうことをいっているよ。あきれたね。税理士に相談してよ。何か贈与税も払わずに財産を移す方法があるんじゃないの？」

第3章 相続対策の基本と順序

生前贈与は相続税の節税対策の最も基本となるものです。贈与税の仕組みや各種の特例を活用して贈与すれば、相続対策として高い効果が得られます。

以下、生前贈与を活用するポイントをご説明します。これらをうまく活用すれば、財産を次の世代にかしこく移す（相続税の対象財産を減らす）ことができます。

1　贈与税が相続税を上回らないように

相続税と贈与税は、累進税率で課税が行われます。たとえば予想される相続税率が30％だったとします。このケースで310万円の贈与をすると、310万円×30％＝93万円の相続税が減少します。この場合の贈与税は（310万円－110万円（基礎控除額））×10％＝20万円です。差額の73万円（93万円－20万円）は生前贈与による節税効果となります。

このように相続税と贈与税の税率の差を利用して、贈与税額が相続税額を上回らない範囲内で、年間贈与額を決めることが一つ目のポイントとなります。

2　できるだけ多くの人に贈与する

1,000万円を直系卑属の1人に贈与すると、（1,000万円－110万円）×30％－90万円＝177万円の贈与税が課税されます。一方、1,000万円を5人に均等に贈与したらどうなるでしょう。1人当りの贈与額は200万円となり、贈与税額は5人合計で（200万円－110万円）×10％×5人＝45万円となります。このように、同じ1,000万円を贈与する場合、子や孫、もしくは子の配偶者など、多くの人に贈与したほうが、節税効果が高いことがわかります。

なお、平成25年度の税制改正によって、20歳以上の子や孫が平成27年1月1日以降、父母・祖父母などの直系尊属から贈与を受けた場合は、一般の贈与に比べ、緩和された税率が適用できる特例ができました。

孫への贈与は、子への相続を飛び越すことから、相続税の負担を1回パスすることができます。したがって贈与するのは配偶者よりも子、子よりも孫のほうが効果的といえるでしょう。

3　早い時期から長く贈与する

図表3－1　孫6人と長男の妻に5年間生前贈与した場合の相続税額の節税効果
配偶者なし／子ども3人／孫6人と仮定　　　　　　　　　　　　　　（単位：円）

相続財産（対策前）	300,000,000
相続税額（対策前）①	54,600,000

[贈与税]	110万円を7人に5年間	210万円を7人に5年間	310万円を7人に5年間
贈与する額（1人当り1年間）	1,100,000	2,100,000	3,100,000
贈与する人数（孫）	6	6	6
贈与する人数（子の配偶者）	1	1	1
贈与する年数	5	5	5
贈与する額合計	38,500,000	73,500,000	108,500,000
贈与税額②（贈与税率10%）	0	3,500,000	7,000,000
[相続税]			
贈与後の相続財産	261,500,000	226,500,000	191,500,000
相続税率	30%	30%	20%
贈与後の相続税額③	43,050,000	32,550,000	22,700,000
節税効果①－（②＋③）	11,550,000	18,550,000	24,900,000

　この表からわかるように、生前贈与は「少額」ずつ行い、できるだけ「多くの人」に贈与し、かつ、「長期間」にわたって続けることがポイントです。

　ただし、相続人または受遺者（遺贈により財産を取得した人）が相続開始前3年以内に、被相続人から贈与された財産については、相続財産に加えられて相続税が計算されますので注意が必要です。

　また名義預金と認定されないように、贈与契約書（図表3－2参照）を作成するなど、贈与事実を証明することも忘れないようにしましょう。

図表3-2　贈与契約書見本

贈与契約書

　贈与者〇〇〇〇（以下「甲」という）は、受贈者〇〇〇〇（以下「乙」という）と、下記条項により贈与契約を締結する。

記

第1条　甲は、現金〇〇万円を乙に贈与するものとし、乙はこれを承諾した。
第2条　甲は、第1条に基づき贈与した現金を、平成〇〇年〇〇月〇〇日までに、乙が指定する銀行預金口座に振り込むものとする。

　この契約を締結する証として、本書2通を作成し、甲乙各署名押印のうえ、各1通を保有するものとする。

平成〇〇年〇〇月〇〇日

　　　　　　　　　　　　　　　（甲）住所　＊＊＊＊＊＊＊＊＊＊
　　　　　　　　　　　　　　　　　　　　　　〇〇〇〇〇　印

　　　　　　　　　　　　　　　（乙）住所　＊＊＊＊＊＊＊＊＊＊
　　　　　　　　　　　　　　　　　　　　　　〇〇〇〇〇　印

4　生前贈与の非課税の特例

(1)　贈与税の配偶者控除

婚姻期間が20年以上の夫婦間で、居住用不動産または居住用不動産を取得するための資金が贈与された場合は、基礎控除110万円のほかに最高2,000万円まで非課税になる特例があります。

(2)　教育資金の一括贈与の非課税

子や孫の教育費を父母や祖父母が負担することも「贈与」に該当しますが、通常必要なもので、必要なつど贈与したものであれば贈与税は課税されません。この原則とは別に、直系尊属から、30歳未満の子・孫・ひ孫へ教育費を贈与した場合、受贈者1人につき1,500万円（習い事の費用などは500万円）まで、贈与税が非課税となる特例があります。

平成25年4月1日から平成33年（2021年）12月31日まで拠出されたものであることといった期限付きですが、対象となる子や孫の数によっては一挙に相続財産を減らせるメリットがあり、子や孫と良好な関係を築くうえでも意義のある制度といえます。

その後、受贈者が30歳に達した時点で、残額がある場合には、その時において贈与があったとされ、贈与税が課されるので注意してください。

(3)　直系尊属から住宅取得等資金の贈与を受けた場合の非課税

平成27年1月1日から平成33年（2021年）12月31日までの間に直系尊属から住宅取得等資金の贈与を受けた場合には、一定の要件を満たせば、通常の基礎控除額110万円に加えて、300万円から最大で3,000万円まで贈与税が非課税となります。同様に、住宅取得等資金に係る相続時精算課税制度の特例についても、適用期限が平成31年（2019年）6月30日までとなります。

(4)　結婚・子育て資金の一括贈与に係る贈与税の非課税措置

平成27年度税制改正では新たに、結婚・子育て資金の一括贈与に係る贈与税の非課税措置が創設されました。これは、結婚、子育て資金の支払いに充てるために、直系尊属が金銭等を金融機関等に信託等した場合、受贈者1人につき1,000万円（結婚費用は300万円）が非課税になる制度です。平成27年4月1日から平成31年3月31日までの間に拠出されるものが対象となります。

子や孫が50歳に達した際に使い残しがあれば贈与税が課税され、また、終了前に贈与者が死亡した際に使い残しがあれば贈与者の相続財産に加算されますので注意してください。

Column

名義預金に疑われない方法

　相続税の調査で、いちばん問題になるのが、被相続人の配偶者、子、孫などの家族が名義人となっている預貯金です。その真の所有者は預貯金の名義人なのか、被相続人なのか、いわゆる「名義預金」の問題です。単純に預金の名義人＝その預金の所有者とはみてくれません。

　相続税の税務調査で申告漏れが指摘されると、この預貯金を相続財産に加えて相続税を再計算することになります。相続税の追徴課税が行われるとともに、延滞税なども課税され、結果として名義預金の名義人はもとより、その他の相続人が支払う相続税額も増えることになります。

　この「名義預金」の問題については、過去に納税者と税務署の間で幾度となく訴訟になっています。それでは税務調査で「名義預金」と認定されないためには、どのようにしたらいいのでしょうか。

　最初のポイントは、その預貯金は、名義人に「贈与」したものであることを明確にしておくことです。簡単にいうと「贈与」とは、贈与者が「自分のもっているものをあげるよ」と言って、受贈者が「ではいただきましょう」ということで成立します。つまり、相互の了解があって初めて贈与は成立するのです。

　次のポイントは、贈与した財産は、もらった人が自由に使い道を決められ、そして自由に使える状態にあることです。具体的にいうと、通帳や印鑑の管理は財産をもらったその預金者本人が行っていなければ「自由に使える」状態とはいえず、いくら相互の了解があったとしても、これは名義預金と認定される可能性が高くなります。

　贈与による財産移転を検討する場合、名義預金に疑われないようにするためには、お互いが合意したうえで贈与契約書を作成し、財産から差し引くことができる基礎控除額（110万円）と低い税率を利用した少額の贈与税の申告をしておくのもよいでしょう。1年間で300万円の現金を贈与した場合の贈与税は19万円（実効税率6.3％（19万円÷300万円））です。資産がある人にとっては十分考慮する価値のある方法だと思います。

このほかにも、開業医など事業の所得がある者は、専従者給与を支給できるように届出書を提出し、毎月その範囲内で生計を一とするご家族へ振込みにより給与という形で資金を移動する方法もあります。ただし専従者給与を支給するには要件があり、贈与に代えて使えるものではありません。詳しくは税理士にご相談ください。

3-3
クリニックの土地が値上がりして相続税が払えません！
［小規模宅地等の特例改正］

院長　「うちがもっている財産をとりまとめてみて驚いたよ」
長男　「どうしたの？」
院長　「おもな財産といえば、この駅前の土地と、その上に建てたクリニック、そしてクリニックとつながっている二世帯住宅なんだが、駅前の再開発があった関係で、土地が値上がりしていてね」
長男　「まあ、うちのクリニックは立地がいいからやってこられたところもあるからねえ」
院長　「そうなんだよ。いままでは立地の恩恵があったんだけど、それが相続になると裏目になるようだ」
長男　「どういうこと？」
院長　「後継者のおまえに譲ることを考えて、最新鋭の医療機器を入れたり、内外装をきれいにしたり、ここのところかなりお金をクリニックにつぎ込んだのは知っているだろ。だからいまのところ現預金があまりないんだよ。もしいま相続なんてことになると、このあたりの路線価は高いから、相続税を払えなくなってしまうんじゃないかと心配しているんだ」
長男　「えっ、それじゃあ僕が継ぐクリニックや家を売らないといけないってこと？」

1　小規模宅地等の評価減の特例

　同じ敷地内にクリニックと自宅を併設しているドクターも多いでしょう。しかし、相続発生時の土地の相続税評価額が高かった場合、多額の相続税が発生するおそれがあります。もし、後継者などが納税資金を用意できない場合は、最悪、クリニックや自宅を手放すことになりかねません。そうなると経営と生活の基盤を一挙に失う事態となります。

　そこで相続税法は、その点に配慮して一定面積までの事業用（クリニック）の宅地や居住用の宅地等（小規模宅地等）については、一定の要件を満たせば、評価額の80％（不動産貸付用は50％）を減額するという特例を設けています。これを「相続した事業の用や居住の用の宅地等の価額の特例」（小規模宅地等の特例）といいます。

2　減額される上限面積が拡充

　平成27年1月1日以後の相続から小規模宅地等の特例が改正されたことにより具体的には、被相続人等の居住用または事業用の宅地が、一定の要件をすべて満たす特定居住用宅地等、特定事業用宅地等である場合、評価額が8割減になる適用限度面積が以下のとおりに広がりました。

①特定居住用宅地等については、330㎡（約100坪）までに拡充

②特例の対象として選択する居住用宅地とクリニックなどの事業用の宅地のすべてが特定居住用宅地等と特定事業用宅地等である場合は、居住用宅地の限度面積330㎡（約100坪）と、事業用宅地の限度面積400㎡（約121坪）の合計730㎡（約221坪）まで適用可能

　上記限度面積を超える部分に対応する評価は通常の評価額となります。

　ここでいう特定居住用宅地等とは、相続開始の直前において、被相続人等が住んでいた宅地等（取得者別適用要件は、図表3-3参照）をいい、特定事業用宅地等とは、相続開始の直前において、被相続人等が事業（貸付事業を除く）に使っていた宅地等をいいます。

　なお、アパート敷地などの「貸付事業用宅地等」については、限度面積の改正はありません。

なお、特定事業用宅地等、貸付事業用宅地等の適用要件については本編4－4で詳しく述べております。

　会話文に登場する二世帯住宅については、平成26年1月1日以降は、構造上完全独立型の二世帯住宅であっても、区分所有建物登記されている建物を除き、一定の要件を満たせば、同居とみなされるようになりその敷地全体について、小規模宅地等の特例の適用が受けられるようになりました。

　そのほか、要介護認定や要支援認定を受けていた被相続人が特別養護老人ホームやサービス付き高齢者向け住宅等の施設に入居していた場合や、障害支援区分の認定を受けていた被相続人が障害者支援施設などに入所していた場合には、平成26年1月1日以降は、自宅は特定居住用宅地等とみなされるようになり、特例の適用が受けられるようになりました（ただし、住まなくなった自宅を事業用や賃貸用とした場合には対象となりませんので注意してください。平成30年4月以降、特定居住用宅地等を別居親族が相続する場合、要件が厳しくなりました）。

　小規模宅地等の特例は、計算上、相続財産を大幅に減らすことになるため、相続税額に大きく影響します。適用要件をしっかりと把握し、相続対策に活用してください。

　なお、この特例の適用を受けるためには、相続税の申告書に、戸籍の謄本や遺産分割協議書の写しなど一定の書類を添付する必要があります。

図表3-3　特定居住用宅地等の取得者別適用要件

取得者	取得者等ごとの要件
配偶者	同居・別居等を問わず無条件に適用可能
同居親族	相続開始の時から相続税の申告期限まで同居し、かつ、その宅地等を相続税の申告期限まで有している人
別居親族	配偶者や同居親族がいない場合で、かつ、次の①から⑤までの要件を満たす人 ①相続開始前3年以上賃貸住宅に居住していた人 ②その宅地等を相続税の申告期限まで有していること ③相続開始の時に日本国内に住所を有していること、または、日本国籍を有していること ④相続開始3年以内にその宅地を取得した人、取得者の配偶者、取得者の3親等内の親族または取得者と特別の関係のある一定の法人が、所有する家屋に居住したことがないこと ⑤被相続人の死亡当時に居住している家を、過去に所有したことがないこと

3-4

長男の妻を養子にすると問題がある？

［養子縁組と相続税対策］

元院長　「ゆみこ（長男の妻）さんには、私が身体を悪くしてから、ずっと病院に付き添って、身の回りの世話もしてくれて感謝しているよ。本当にありがとう」

ゆみこ　「何を言っているんですか。家族なんですからお世話するのは当たり前ですよ」

元院長　「そういってくれるとうれしいよ。母さんが5年前に亡くなってしまい、心細い思いをしたけど、かわいい孫たちと一緒に暮らすことができて幸せだよ。これもゆみこさんの心遣いのおかげだよ」

ゆみこ　「何ですか、今日は変ですね。それよりお義父さん、いつもゆうや（子）の宿題をみてくださってありがとうございます。ゆうやが「おじいちゃんのお話はいつもおもしろいんだよ。この前は海の水はどうして塩辛いのか詳しく教えてくれたよ」ですって。これからも子どもにいろんなことを教えてやってください。将来、ゆうやにはうちのクリニックを継いでほしいと思っているので、いい勉強になっているんですよ」

元院長　「本当かい？　ゆみこさんには何か感謝の気持ちを遺してあげないといけないね」

会話の元院長は、長男の妻に感謝の気持ちから、なにかしら財産を遺してあげたいと考えています。しかし、長男の妻は法定相続人ではないため、なにもしなければ財産を遺すことができません。このようなケースは、よく見聞きする話です。ではどうしたらいいのでしょうか。以下、考えてみましょう。

一つの方法として、長男の妻を養子にすることが考えられます。養子にすれば実子同様に財産を遺してあげることができますので、いままでの世話に報いることができます。

このように一見すると、いいことずくめのように思えますがもう少し詳しくみていきましょう。

1　養子縁組のメリット

養子縁組をすれば1人法定相続人の数が増えますので、相続対策として以下のメリットがあります。

①基礎控除額が増える

相続税の課税価格から差し引く基礎控除額は「3,000万円＋600万円×法定相続人の数」とされています。

②生命保険金の非課税限度額が増える

生命保険金は「500万円×法定相続人の数」が非課税となります。

③死亡退職金の非課税限度額が増える

死亡退職金は「500万円×法定相続人の数」が非課税となります。

④税率の適用区分が低くなる可能性がある

相続税は遺産額に応じて税率が上がる超過累進課税制度をとっています。相続人が増えれば、民法に定める法定相続分に従って取得したものとして計算した1人当りの取得金額が少なくなるため、適用される税率が低くなる可能性があります。

ただし、相続税法上、法定相続人の数に加えられる養子の数は、実子がいる場合で1名、実子がいない場合には2名までと制限されています。また「相続税の負担を不当に減少させる結果となると認められる」場合には、法定相続人と認められませんので養子縁組した合理的な理由を説明できるようにしておくなどの注意が必要です。

なお、長男の妻を養子縁組するような場合には、養親もしくは養子の本籍地または届出人の住所地、所在地のいずれかの市区町村役場に養子縁組届書等を提出する必要があります。

2 養子縁組のデメリット

養子縁組は、相続税の対策においてメリットがある一方、デメリットもありますので注意が必要です。

①ほかの相続人の取り分が減る

会話の話でいえば、長男のほかにも兄弟姉妹がいた場合、長男の妻を養子にすることで、1人当りの法定相続分が減ることになります。彼らが納得できるように、院長からしかるべき説明をしておかないと、相続時にトラブルになるおそれがあります。

②非常識な養子はもめるもと

養子にするのは身内ならだれでもいいというものでもありません。後々、遺産分割協議をすることを考えて、良識のある適任者を選ぶことも大事なポイントとなります。

③将来離婚するかもしれない

会話のように、いまは円満な長男夫婦でも、将来離婚してしまう事態にならないとも限りません。離婚した際に、養子離縁届を市区町村役場に提出し、自己の養子縁組を解消しない限り、養子は引き続き相続人であり続けます。この点に注意が必要です。

特に、相続時精算課税制度を用いて養子に贈与した場合は、その後離婚と同時に養子縁組を解消しても、相続税申告時にはその受贈財産について「精算課税」されるうえ、離婚をした元養子に対し相続税額の2割加算（本編11－3、資料編資料3参照）が適用されますので、大きなトラブルを招きかねません。

3 だれを養子にしたらいいのか

会話のケースで考えてみると、養子にするのは長男の妻ではなく、将来クリニックの後継者となるであろう孫にするという方法も考えられます。

相続というのは、本来、親から子へ財産が引き継がれていくことを想定して

います。しかし、親から子、子から孫へという2回の相続を、親から孫へ直接相続すれば、1回分相続税を減らす効果が期待できます。いわゆる飛び越し相続といわれるものです。

　ただし、その場合、孫が取得した財産にかかる相続税については、その相続税額に対して2割加算されますので注意が必要です（本編11－3⑴参照）。しかし、たとえば医療法人の持分など将来値上がりしそうな財産があるような場合や、相続後の子の財産が多額になるといった場合には、たとえ2割加算されたとしても、孫への飛び越し相続が効果的になることがあります。このように飛び越し相続をする場合には、損得を十分吟味して実行する必要があります。

　また、孫を養子にする場合でも、本人の適性の判断や周囲への配慮を怠ると大きなトラブルとなる可能性がありますので、この点にも注意してください。

　以上のように、養子縁組にはメリット・デメリットがあります。専門家に相談して、相続税額を試算し、慎重に検討しましょう。

3-5
生命保険の保険料は子どもが払ったほうが節税になる？
［生命保険を活用した節税］

長男　「父さん久しぶり。またFXで失敗しちゃってさあ。今度こそうまくいくと思ったんだけどなあ……。だからさ、ちょっと、お金貸してくんない？」

院長　「しんじ！　おまえってやつは、またか」

長女　「借りるっていうけど、一度も返したことなんてないじゃない」

長男　「まあ、いいじゃん、いいじゃん。じゃっ、このお金借りていくからね」

長女　「ちょっと兄さん、待ちなさいよ！」

院長　「しんじには困ったもんだな。このままだと心配で死ぬに死ねない」

長女　「ちゃんと遺言書を書いておいてね。そうしないと遺産分割で大もめになるわ」

院長　「ああ、相続といえば、税理士さんに試算してもらったら、納税資金の準備もしないといけないらしい」

長女　「納税資金の準備って……そのためのお金を事前にくれるということ？」

院長　「生前贈与しようかと思っているんだ」

長女　「そんなのダメ。兄さんはあの調子なのよ。お金が入ったらすぐ使っちゃうわよ」

院長　「そうだよなあ。生前贈与すれば相続税の財産減らしにもなるし、おまえたちも安心だろうと思ったんだけどな。じゃ、どうすればいいんだい？」

生命保険は、院長の死亡という不測の事態が生じたときの損失を補償するためのものです。それだけでなく生命保険は、院長の相続対策において、さまざまなメリットをもたらしてくれる可能性をもっています。具体的な活用方法とメリットを以下で確認していきましょう。

1　争族対策として活用

　生命保険金は、相続税法上の相続財産とみなされますが、民法上の相続財産には当たらないため、遺産分割協議の対象とはなりません。このため、お金をあげたい人を受取人に指定すれば、確実にお金をその受取人にあげることができます。生命保険は「争族」対策にも有効といえます。

2　納税資金対策として活用

　生命保険金は、現金で払われるため、受取人が相続税の納税資金として活用することができます。また、死亡保険金の受取りは相続発生後になります。現金で納税資金を生前贈与することも考えられますが、しばしば問題となることは、相続までに浪費されてしまうことです。これでは、相続対策をして、納税資金対策もしたとしても、完璧なプランになりません。この点、生命保険の死亡保険金は、死亡後にしか支払われないことから、プランが経年劣化してしまうことはありません。

3　不公平を緩和するための活用

　たとえば、相続財産は3億円、しかしそのほとんどがクリニックの土地や建物などの不動産という場合に、これを後継者など特定の相続人だけが相続すると、それ以外の相続人が相続する財産がなくなってしまうケースがあります。
　このような場合、相続人の間の不公平感を緩和する方法として生命保険が活用できます。具体的には、後継者を死亡保険金の受取人に指定しておけば、後継者はその死亡保険金を使って代償分割（特定の相続人が財産を相続する代わりに、ほかの相続人に金銭などを与える方法）することができます。
　また、後継者以外の相続人を受取人とする方法もあります。相続時に相当額の保険金を受け取らせることで、遺産配分のバランスを図る方法です。

4　相続財産を減らすための活用

　生命保険の掛け金を支払えば相続財産である現預金が減ります。また、被相続人の死亡で受け取った生命保険金については、500万円×法定相続人の数だけ非課税になります（非課税限度額）。支払われた保険金の合計額が、非課税限度額までであれば、法定相続人のだれが受け取ったとしても、課税されることはありません。

　現金で1,000万円を遺せば、その1,000万円が相続税の課税対象財産となりますが、保険金で遺せば、非課税限度額を超えた額だけが相続税の課税対象となります。このことから、生命保険は、相続財産を減らすための有効な手法といえるのです。

図表3-4　生命保険金の非課税枠と控除額を超えたときの各人の課税価格

法定相続人	1人	2人	3人	4人	5人	6人
控除額	500万円	1,000万円	1,500万円	2,000万円	2,500万円	3,000万円

控除額を超えたときの各人の課税価格

$$\text{各人が取得した保険金額} - \text{控除額} \times \frac{\text{その相続人が取得した生命保険金の額}}{\text{すべての相続人が取得した生命保険金の額}}$$

5　生命保険の上級節税テクニック

　このようにメリットが大きい生命保険ですが、保険料を負担していた人と、保険金の受取人の関係によっては、相続税の対象となるのか、贈与税になるのか、所得税の一時所得になるのかの違いが出てきます。ここでは、その違いを使ったテクニックを説明します。

図表3-5 保険金の受取りと課税関係

被保険者	保険料負担者	受取人	課税関係
被相続人	被相続人	配偶者	配偶者に相続税
被相続人	配偶者	子	子に贈与税
被相続人	子	子	子に所得税（一時所得）

　子どもが契約者となり、保険料を負担して、被相続人を被保険者とする方法があります。この場合、受け取った生命保険金は、子どもの一時所得となり、所得税と住民税の課税対象となりますので、相続財産に含まれません。この場合の一時所得の額は次のとおりです。

（受取保険金－払込保険料－50万円）×1／2＝一時所得

　さて、一時所得の所得税と住民税を合わせた最高税率は約50％ですから、実質的な税率はその半分の25％となります。相続税の税率がこれよりも高くなりそうな場合は、保険料を子どもが負担するようにすることで、節税のメリットが生じます。さらにいうと、被相続人である親が子に保険料を贈与すれば、被相続人の相続財産も減らすことができ一石二鳥です。この場合、贈与税の基礎控除額である年110万円以内の少額贈与にすれば、贈与税もかかりません。

Column

生命保険の受取人が亡くなった場合

　子どもが社会で独り立ちするまでの間、子どもの万一に備えて、親が契約者で子どもを被保険者にした生命保険に加入していることがよくあります。この場合、子どもが結婚していないので、死亡保険金の受取人は一般的に親になっています。

　ではこの状態で、事故や災害で親が亡くなり、受取人の変更をしないうちに被保険者である子どもが亡くなった場合、死亡保険の受取人はだれになるのでしょうか。こういった場合の受取人について判例では、「保険契約者によって保険金受取人として指定された者の法定相続人又はその順次の法定相続人であって被保険者の死亡の時に生存する者をいう（最高裁H5.9.7第三小法廷判決）」とされています」。つまり、受取人の法定相続人で、被保険者の死亡保険金を受け取る際に生きている人です。

　たとえば図表3－6のようなケースで、長男Aが死亡した際の死亡保険受取人となるのは、受取人であった父の相続人である母、次男D、それと長男Aは死亡していますので、長男Aの法定相続人であるB、Cの4人となります。

図表3－6　保険金受取人が保険事故の発生前に死亡した場合の受取人

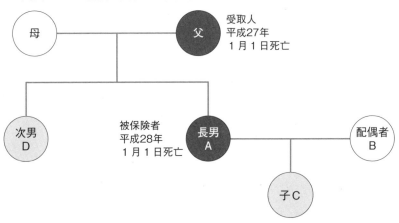

第3章　相続対策の基本と順序

しかも、上記最高裁判決にて、保険金を受け取る権利の割合は、民法第427条の規定の適用により、「平等の割合」となるとされていますので、上記のケースでは母、次男D、配偶者B、子Cはそれぞれ4分の1ずつ受け取ることになります。この場合、夫の死亡保険金であることから、配偶者Bや子Cにとって、母が保険受取人となることについてはある程度納得できるとしても、次男Dが受取人、しかも自分たちと同じ割合で受け取ることについては、腑に落ちないものがあるかもしれません。
　母や次男Dにとっても、父が亡くなった際の遺産分割協議で契約が父から長男Aに移ってしまっているためいまさらもらっても……となりますが、受け取らないといけないうえに、税務上は「遺贈」とみなされ、長男Aの相続で相続税が発生する場合は2割加算されて相続税を払わなくてはいけないのです（本編11－3(1)参照）。
　このように、保険契約の受取人が死亡した際、受取人を変更しておかないと、被保険者が死亡した時にトラブルの種になりますので注意してください。

3 - 6
相続対策の前に考えないといけないことは？

［長生きリスクと二次相続］

院長　「いまある財産を計算してもらった結果をみると、私の相続では、相続税を支払うことになるようだね」

税理士　「そのようですね。いまからしっかり対策を立てていきましょう」

院長　「早速、生前贈与を始めて妻や子どもたちに財産を移していきたいと考えているんだ。インターネットで調べたんだけど、まずは、夫婦の間で居住用の不動産を贈与したときの配偶者控除を使って妻に自宅の土地を贈与して、孫には、祖父母などから教育資金の一括贈与を受けた場合の贈与税の非課税制度を使って1,500万円を贈与して、子どもたちには生命保険を使って……」

税理士　「ちょっと待ってください。落ち着いてください。たしかにそういう制度はありますし、生前贈与は相続税対策の基本となるものです。生命保険の活用も一般的に有効でしょう。ただし、相続対策は一律にはできないものです。ドクターが患者さん一人ひとりを診察してから治療方針を決めるように、だれにでも効く治療法はありません」

院長　「たしかに。しかし、あなたもうまいこと言うねえ」

税理士　「いやいや、そんなことはともかく、今日は、相続対策を始める前にぜひ考えてほしい大切なことをお話するためにうかがったんです」

1 相続対策より先にすること

相続対策を始める前に考えてほしいことが二つあります。一つ目は、院長夫妻の老後の生活資金をしっかり確保することです。相続はいつ発生するかわかりません。

すべての財産を相続発生時に子どもたちに分けられるように固定化してしまうと、長生きすることで子どもたちにお金の面で迷惑をかけることにもなりかねません。まずは、自分たちが、子どもに心配をかけずに、豊かな生活を最期までおくることを考えるべきです。

公的年金は見直しが続いています。高齢者の医療費負担も高まってくるでしょう。自分の老後は自分で守る時代です。高齢になってもある程度の資産運用は必要です。比較的安全に資産を運用しながら、取り崩して生活していくためには、相応の原資が必要となります。ちなみに図表3－7は、老後生活に必要なお金についての調査結果です。参考にしてください。

図表3－7　老後の最低日常資金とゆとりある老後生活費

ゆとりある老後生活費

- 20万円未満（3.3%）
- 20〜25万円未満（7.5%）
- 25〜30万円未満（12.3%）
- 30〜35万円未満（21.8%）
- 35〜40万円未満（9.0%）
- 40〜45万円未満（11.0%）
- 45〜50万円未満（3.1%）
- 50万円以上（13.5%）
- わからない（18.6%）

N：4,056（平均34.9万円）

老後の最低日常生活費

- 15万円未満（5.9%）
- 15〜20万円未満（13.1%）
- 20〜25万円未満（31.5%）
- 25〜30万円未満（13.6%）
- 30〜40万円未満（15.0%）
- 40万円以上（2.4%）
- わからない（18.6%）

N：4,056（平均22.0万円）

（出所）　生命保険文化センター「平成28年度　生活保障に関する調査」

2　一人ひとり違う相続対策

　さて、基本的な相続対策をするうえでの注意すべき点の二つ目は、すべての人にとって最善の対策になるとは限らないことです。財産や家族の状況により、事情は大きく変わってきます。たとえば配偶者がいる場合には、二次相続まで見越した相続対策を考え、一次相続と二次相続とでトータルで支払う相続税額を考慮することも相続対策として有効です。そのうえで一次相続の対策としてとるべきよりよいアイデアを考えるという方法もあります。

図表3-8 一次・二次相続シミュレーション

(単位:千円)

		ケース	配偶者相続分割割合				
			(A) 75%	(B) 50%	(C) 30%	(D) 15%	(E) 0%
一次相続（被相続人 山田太郎）	相続財産	204,000	153,000	102,000	61,200	30,600	0
	基礎控除	-54,000					
	課税遺産総額（課税価格-基礎控除額）	150,000					
	税額 配偶者の税額軽減額	0	18,937	12,625	7,575	3,787	0
	相続税の総額	25,250	6,313	12,625	17,675	21,463	25,250
二次相続（被相続人 配偶者）	相続財産		50,000	50,000	50,000	50,000	50,000
	一次相続分		153,000	102,000	61,200	30,600	0
	基礎控除		-48,000	-48,000	-48,000	-48,000	-48,000
	課税遺産総額（課税価格-基礎控除額）		155,000	104,000	63,200	32,600	2,000
	税額 相続税の総額		25,500	14,800	7,980	3,390	200
一次・二次相続税の合計			31,813	27,425	25,655	24,853	25,450

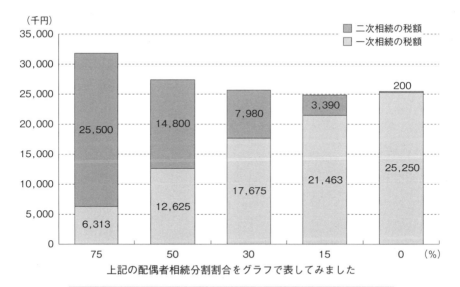

上記の配偶者相続分割割合をグラフで表してみました

家族構成　夫（一次相続被相続人）、妻（二次相続被相続人）、子3人
　　　　　一次相続での、夫の財産を2億400万円
　　　　　二次相続での、妻の財産を　5,000万円の場合

3 相続対策はだれでもできる？

　ドクターが個人で二次相続まで計算したうえで、相続対策を立てるのは容易ではありません。おおまかな相続対策の手順は、①財産明細を作成して財産を把握し、②財産の評価額を算出し、③相続税額を試算し、④プランを作成することです。しかし、効果的な相続税対策を考えるとなると、生前贈与によって財産を減らしたり、各種特例を適用して財産の評価額を引き下げたり、生命保険を活用して納税資金対策や遺留分対策を立てたり、二次相続を見据えてトータルで相続税額を低減できるプランニングをしたりする必要があり、もはや専門家の領域といえます。

　中途半端な知識で相続対策を行うと、相続対策の最大の目的である「節税対策」「納税資金対策」「円満な相続対策」ができなくなってしまうおそれがあります。

　インターネットを使えば、税金の知識や相続に関する有益な情報を入手することができます。しかし、優秀なドクターが多くの臨床例をみているのと同じく、税金のプロである税理士や公認会計士は、数多くの相続に立ち会ってきています。ドクターが抱えている事情や相続に関する希望を専門家に伝えることで、最適な方法を提案してもらうことができます。かしこく専門家を使いこなすのも、相続対策のポイントといえるのです。

第4章
個人医院の相続税

4-1 クリニックの土地の名義が祖父のままだと、相続手続でトラブルになるのですか？
[不動産の名義と相続]

院長（息子）「ねえ母さん、父さんが亡くなったばかりでなんだけど、ちょっと気になることがあるんだよ」

母　「どうしたの、あらたまって」

院長　「父さんの遺産は、全部僕が引き継ぐことになったじゃない」

母　「そうだけど、それがどうしたの」

院長　「うちのクリニックの土地なんだけどね、相続の手続をするために、あらためて登記簿謄本で所有者を確認してみたら、父さんじゃなくて、十年以上前に亡くなったおじいちゃんの名義から変更されていないみたいなんだ。これって、どういうことなのか知ってる？」

母　「え、そうなの？」

院長　「そうか、やっぱり母さんも知らなかったんだ」

母　「そういったことは、全部亡くなったお父さんが管理していたから、どういうことかと聞かれてもわからないわ」

院長　「そうなんだ、困ったなあ。このまま名義を変更すればいいだけなのかなあ。何かいやな予感がするけど」

1　ありがちな暗黙のルール

　相続による所有権移転登記は、相続人が単独で申請を行います。その際に提出する書類は、図表4-1のとおりです。

図表4-1　相続登記の際の必要書類

	必要書類	
	遺言による場合	遺産分割による場合
被相続人に関する書類	遺言書 死亡時の戸籍謄本	出生から死亡までの連続した戸籍謄本 住民票の除票
相続人に関する書類	遺言により相続する相続人の戸籍謄本 遺言により相続する相続人の住民票	遺産分割協議書 相続人全員の戸籍謄本 相続人全員の印鑑証明書 相続人全員の住民票

　さて、「核家族化」という言葉が生まれてから久しいですが、近年ではさらに「単身世帯」の増加も進んでいます。一方、先祖代々の土地に居住し、その土地で事業を営んでいる家庭も数多く存在します。そのような家庭では、「家業を継ぐ長男が自宅と家業に関係する資産のすべてを相続する」という暗黙のルールが見受けられます。こうした場合、相続が発生しても名義変更の手続をせず、そのまま長男が継続して不動産等を使用することもありがちです。

2　災いの根を断つ

　不動産の名義を変更していなくても、売却や、銀行に対して担保の差入れなどをしない限り、日常生活に支障はありません。このため、後々、妻や子どもたちが相続の手続をするまで、そのことが表面化しないことが多々あります。
　しかし、名義変更をしないままの土地や家屋が思わぬトラブルを引き起こすことがあるので、くれぐれも注意が必要です。では、どのような問題があるのかみていきましょう。
　もし、今回の事例でクリニックの土地がきちんと先代の院長先生の名義に変

更されていたならば、院長先生の相続が発生しても、所有権の移転登記に必要な書類は、相続する妻および子だけで用意することができます。遺産分割をする場合でも、遺産分割協議書に必要な実印は妻と子のみで済みます。

　しかし、クリニックの土地の名義は、院長先生の先々代から所有権移転登記がされていませんでした。この場合は、通常と異なり、亡くなった院長先生の相続人である妻と子だけでは遺産分割を進めることができなくなります。いったん、先々代の相続にさかのぼることとなり、院長先生の叔父、叔母（先代院長の兄弟姉妹）が相続人となります。

　すでに相続人が亡くなっている場合は、その妻子が権利を引き継ぎ相続人となります。原則として、これらの当事者全員の実印と印鑑登録証明書がなければ、不動産の名義を変更することができません。

　これだけでは済みません。かかわる人数がふえると、想定外の問題が発生する可能性が高まります。当事者同士の話合いですめばいいのですが、なかには連絡がつかなかったり、認知症となって法律上の手続の意思表示ができなかったりする場合もあります。

　このように、名義変更をしないままの不動産は、適切に名義変更している場合に比べると、リスクが高いといえます。これでは、ただでさえ面倒な相続の手続が、さらに複雑になってしまいます。先祖代々の不動産をそのまま使用している場合は、適切に登記がされているか一度確認してみてはいかがでしょうか。

Column

土地の無償返還に関する届出書

1　権利金の認定課税

あなた（地主）が所有する土地に第三者が建物を建築した場合、あなたはその土地を半永久的に使用することができなくなります。このため、借地権を設定する際、地主は借地人から地代とは別に返還を要しない権利金を受け取ることがあります。

これは、クリニックの土地を院長もしくは院長の親族が所有し、建物を医療法人が所有している場合も同様です。この場合で、医療法人が院長に対してその土地の地代を支払っていない、もしくは通常の地代のみを支払い、権利金については支払っていないとどうなるでしょうか。

> 通常の地代とは、相当の地代（2(1)参照）とは区別されています。通常の地代の年額の目安は、実務上次の①または②により計算します。
> ①固定資産税の年税額の3倍程度
> ②直近3年間の自用地評価額の平均×（1－借地権割合）×6％

その地域において、権利金の授受の慣行がある場合は、医療法人に対して借地権の贈与があったものとして贈与課税が行われることになります。

これを「権利金の認定課税」といいます。権利金の金額が医療法人の収益として課税されてしまうのです。権利金の授受の有無およびその金額は、地域によって異なりますが、権利金の金額は土地の価額の60％程度といわれています。

もし、その地域に権利金の授受の慣行があるかどうかの判断が困難な場合は、実務上、その地域の借地権割合が30％以上あるとその慣行があるとみなされることもあります。

2　相当の地代方式と無償返還方式

権利金の授受の慣行がある地域で、借地権を設定する場合、借地人である医療法

人が、地主である院長に権利金を支払えば、権利金の認定課税の問題は発生しません。

しかし、医療法人に権利金を支払う余剰資金がない場合や、院長が権利金を受け取ることによる所得課税の負担を回避したい場合もあるでしょう。そのような場合は、下記のいずれかの方法を選択することにより、権利金の認定課税を回避することができます。

(1) 相当の地代方式

相当の地代方式とは、権利金の授受に代えて、土地の使用の対価として相当な地代を支払う方式です。相当の地代の年額は、土地の更地価額に6％を乗じて求めます。土地の更地価額の算定方法としては、その年の相続税評価額、その年の通常の取引価額などがあげられます。

(2) 無償返還方式

無償返還方式は、将来地主が土地の返還を受ける際に立ち退き料等の名目による一時金を借地人に支払わないということを合意する方式です。「土地の無償返還に関する届出書」を税務署に提出することにより、権利金の認定課税を回避することができます。

無償返還方式を採用することができるのは、借地人か地主の少なくとも一方が法人である場合です。ともに個人の場合には、届出書を税務署に提出することはできません。

上記のように、相当の地代方式、無償返還方式のいずれを採用しても、権利金の認定課税は発生しません。後は地代の金額をいくらに設定するかが問題になります。相当の地代方式を採用すると無償返還方式よりも地代が増加するため、医療法人から個人に所得が移転しますが、反対に個人の所得税の負担が増加します。個人と医療法人の現状を総合的に勘案して、いずれの方法を選択するか決定してください。

同族関係にある個人と法人の取引では、その取引の形態、金額の適正さを確認されることが多々あります。土地の賃貸借の一つをとっても、上記のようにいくつかの選択肢がありますので、注意が必要です。

4-2 小規模企業共済と国民年金基金は、どうすれば有利に受け取れますか？

［小規模企業共済と国民年金基金］

院長　「はぁー……」
妻　　「どうしたの、ため息なんてついちゃって」
院長　「何か、最近、疲れが抜けにくくなってきてな。クリニックもそろそろ子どもに任せる時期なのかなぁ。いっそもう隠居してしまおうか」
妻　　「本当？　うれしいわ。じゃあ海外旅行に行きましょうよ。ハワイ、それとも豪華客船で世界一周なんていうのも夢があっていいわね」
院長　「おいおい、まだ決めたわけじゃないんだし。それに、ついに引退するんだぞ、そんなに喜ぶことか。もっとしんみりしないのか」
妻　　「何いってんのよ。引退するからこそ喜んでいるのよ。だっていままでずっと、がんばってきたじゃない。本当にお疲れさまでした。とてもめでたいことなんだから、海外旅行に行きましょうよ、ねえ」
院長　「おまえらしいというか、なんというか……。まあ、長年掛けていた小規模企業共済も入ってくるし、国民年金基金もそろそろ支給の時期だしな」
妻　　「早速、解約するための資料を取り寄せましょうね。ちょっと待って、私が年金を受け取るときの税金はどうなるのかしら。たしか私の掛け金はあなたがずっと払っていたわよね」

1 小規模企業共済の節税効果

　小規模企業共済制度は、個人事業を廃業したとき、会社等の役員を退職したとき、個人事業の廃業などにより共同経営者を退任したときなどに、その後の生活資金等をあらかじめ積み立てておくための共済制度です（以下「小規模企業共済」とよびます）。

　小規模企業共済は、独立行政法人中小企業基盤整備機構が運営しており、掛け金の月額は、1,000円から70,000円の範囲で選択できます。クリニックを経営している院長の多くは、節税および退職金に代わるものとして小規模企業共済に加入しています。

図表4－2　平成16年4月以降に掛け金月額10,000円で加入した場合の支給金額の目安

掛け金納付年数	掛け金合計額	共済金（例1）	共済金（例2）	共済金（例3）	解約手当金
5年	600,000円	621,400円	614,600円	600,000円	掛け金合計額の80～120％相当額
10年	1,200,000円	1,290,600円	1,260,800円	1,200,000円	
20年	2,400,000円	2,786,400円	2,658,800円	2,419,500円	
税法上の取扱い		退職所得			一時所得

※経済情勢等により変更することがあります。

(1) 支払時

　小規模企業共済の掛け金は、支払った年に掛け金を全額所得から控除することができます。そのため、税率が高くなる高所得者ほど加入のメリットが大きくなります。たとえば、所得税・住民税の税率の合計が50％の場合なら、掛け金を年間の限度額いっぱいの84万円支払ったとすると、42万円の節税ができます。

(2) 受取時

　小規模企業共済を解約して共済金を受け取る場合は、解約事由ごとに支払要件が定められており、図表4－2の（例1）から（例3）、解約手当金のようになっています。たとえば、個人事業を廃業した場合や子に事業を譲渡した場

合は、退職所得（分割で受け取る場合は雑所得）に該当します。その場合は、分離課税としてほかの収入と区別して計算をします。所得税を計算するには、次の式のようになります。

> 所得税＝（受給金額－退職所得控除額）×1/2×税率
> ※退職所得控除額は、加入年数が20年以下の場合は、40万円×加入年数

　退職金に課税される所得税は、上記のように優遇された計算方法により求められ、給与として同額を受け取った場合と大きく税額が異なります。
　実際に税負担がどれくらい軽減されるかは、掛け金を支払った年の所得税の税率しだいで変わりますが、支払った年に支払金額に税率を乗じた金額相当額が節税でき、支給時に退職所得として優遇された計算方法で所得税が算出されるため、小規模企業共済の節税効果は大きいといえるでしょう。

(3) 契約者が死亡した場合

　共済契約者が小規模企業共済を解約する前に亡くなった場合は、相続人は共済金を請求することができます。共済金は死亡退職金として、相続税の課税の対象となりますが、死亡退職金は生命保険金と同様、法定相続人1人につき500万円の非課税枠があります。
　個人でクリニックを経営している院長は、一般的に退職金がありませんので、小規模企業共済の共済金等のうち500万円×法定相続人の数で計算した金額が非課税となります。このこともメリットの一つとなります。

2　国民年金基金の加入の注意点

　小規模企業共済だけでなく、多くの院長は国民年金基金の制度にも加入しています。国民年金基金の保険料も小規模企業共済と同様、支払額が全額所得控除できますので、高い節税効果が得られます。
　しかし、家族が支払う掛け金を院長が負担し、院長が確定申告で所得控除していた場合は注意が必要です。家族（たとえば妻）の国民年金基金の掛け金を負担していた場合は、年金の支払いを受けるときに年金を受け取る権利（年金受給権）が贈与されたものとして、贈与税が課税されることがあるからです。

贈与税の課税を回避するためには、掛け金を受給者自身が負担し、受給者自身で所得控除をする必要がありますが、所得税率が高い院長は、贈与課税されてもトータルで考えると税負担が減少する場合もありますので総合的な判断が必要です。

　これまでみてきたように、所得税の節税を考えて掛け金を負担していた場合、思わぬところでほかの税金が課税される可能性がありますので注意してください。国民年金基金、小規模企業共済は、院長の勇退後の大事な生活資金となりますので、どのような場合に、どのような税金が課税されるのかを事前にしっかり確認しておくようにしましょう。

4-3
亡くなった院長の確定申告の期限は、通常のものより短いのですか？
[準確定申告の注意点]

母	「お父さんが亡くなって、もう3カ月たったのね……」
長女	「この3カ月は、いろいろな手続もあってバタバタだったからね」
母	「そういえば、あなたもいまは勤務医じゃなくてお父さんのクリニックを継いだんだから、来年からは確定申告をしなさいよ」
長女	「それくらいわかっているわよ！　いままでは勤務医だったけど、確定申告する機会はあったんだから」
母	「じゃあ、お父さんの確定申告も来年一緒にやってくれないかしら」
長女	「えー、いままで頼んでいた税理士さんに頼めばいいじゃないの」
母	「もちろん、長年お付き合いのある税理士さんにお願いしているわ。でも次の院長はあなたよ。申告のことも知っておかないと。資料を用意しておいてくれる？」
長女	「しょうがないなあ、もう。ところで、亡くなった人の確定申告の期限は、いつもと同じでいいの？　もしかしたら早くしないとまずいんじゃないのかなぁ」

通常、1月1日から12月31日までに生じた所得については、翌年の2月16日から3月15日までに確定申告をする必要があります。しかし、年の途中で死亡した場合は、相続人が被相続人のその年の1月1日から死亡した日までの所得金額および税額を計算して、その相続の開始があったことを知った日の翌日から4カ月以内に確定申告書を提出し、納税をする必要があります。これを「準確定申告」といいます。

　よくある勘違いは、通常の確定申告の期限（3月15日まで）とまちがえたり、相続税の申告期限である10カ月とまちがえたりすることです。うっかり、期限をまちがえて資料を整理していると、準確定申告の期限に間に合わなくなってしまうことがありますので、期日を確認して、余裕をもって会計資料等を準備しておいてください。

　また、確定申告をしなければならない人が、1月1日から確定申告期限（原則として3月15日）までの間に確定申告書を提出しないで死亡した場合は、前年分、本年分とも相続の開始があったことを知った日の翌日から4カ月以内に準確定申告を行う必要があります。

　なお、準確定申告の計算にあたっては、以下の点に留意してください。

(1)　医療費控除

　控除の対象となる医療費は、死亡の日までに被相続人が支払った医療費だけです。死亡した後に親族が入院費用を支払うことが多くありますが、その場合の入院費用は準確定申告での医療費控除の対象になりません。

　被相続人と生計を同じくする相続人が負担している場合には、その相続人の医療費控除（確定申告が必要）の対象になります。

　また、死亡した後に被相続人に係る医療費を支払った場合は、その医療費の金額は相続税の申告において債務控除ができますので、所得税の確定申告の医療費控除のために領収書の原本を提出する前にコピーを取っておいたほうがよいでしょう。

(2)　社会保険料控除、生命保険料控除、地震保険料控除

　控除の対象となる保険料は、死亡の日までに被相続人が支払った保険料の額だけです。準確定申告を行う場合、それぞれの控除証明書が必要になります。控除証明書の発行には時間がかかることがありますので、年金事務所、保険会

社等には早めに連絡してください。

(3) 扶養控除

　扶養親族に該当するかどうかの判定は、被相続人の死亡の時の現況で判断されます。実務上は、その年および前年の所得を参考にして合理的に見積もることが必要です。

　なお、被相続人の準確定申告で、扶養親族として扶養控除を受けた人がその年の12月31日の現況で他の人の扶養親族の要件に該当すれば、その人の扶養親族として再度扶養控除の適用を受けることができます。

(4) 消費税の納税義務

　国内で消費税がかかる取引を行う事業者は、本来消費税の申告を行い、消費税を納める必要があります。しかし、小規模の事業者は消費税の申告が免除される規定が設けられています。

　具体的には、基準期間（個人事業者の場合はその年の前々年）の課税売上高（社会保険診療は、クリニックの場合は非課税となるため含まれません。予防接種等の自費診療は含まれます）が1,000万円以下の場合には、その年の消費税の納税は免除されます。そのため、個人が新たに事業を開始した場合、基本的にその開始した年、翌年は基準期間の課税売上高がないので、2年間は消費税の申告をする必要はありませんでした。

　しかし、平成25年1月1日以後に開始する年については、個人の、その年の前年の1月1日から6月30日までの課税売上高または給与等支払額の合計額が、1,000万円を超えている場合は、その年から消費税を申告しなければならなくなりました。

　上記の納税義務の判定は原則であり、相続があった場合は注意が必要です。今回の事例では、院長の長女がクリニックの経営を引き継ぎました。長女がクリニックを承継するまで事業を営んでいなかったとすると、長女は院長が死亡した日の翌日からその年の12月31日までの所得金額および税額を計算して、確定申告をしなければなりません。

　その際、長女は、事業を開始した年であることから基準期間がなく、消費税を申告しなくていいと判断しがちですが、相続があった場合は以下の特例が設けられています。

被相続人の事業を承継した場合、相続人の基準期間における課税売上高が1,000万円以下であっても、被相続人の基準期間における課税売上高が1,000万を超えている場合、相続人は被相続人の死亡した日の翌日からその年の12月31日までの間に消費税の申告を行い、消費税を納める必要があります。

　そのため、相続があった場合は、被相続人の確定申告書を必ず確認してください。また、事業を開始する場合の提出書類は、本編2－2を参照してください。自分ひとりで判断ができない場合もありますので、その際は税理士等に事前に相談してください。

4-4 クリニックを承継しましたが、土地名義を父のままにしておくと相続税が不利になるのですか？

[特定事業用宅地等の要件]

院長　「う～ん……」

妻　　「何を焦っているの？」

院長　「今日、相続税のセミナーに行ってきたんだけど、いくつかの要件を満たせば、被相続人つまり亡くなった人が事業で使用していた土地については、評価減の特例が認められているみたいなんだよ」

妻　　「そうなの？　それって税金が安くなるということよね。このクリニック周辺の土地は、だいぶ値上がりしてきているみたいだから助かるわ。それでどのくらい税負担が軽くなるのかしら？」

院長　「なんでも税金の対象となる不動産の評価額が80％割引されるらしいんだ。ただ、うちの場合は、クリニックの引継ぎはしているけれど、父さんとは別々に暮らしているじゃないか…」

妻　　「そうだけど、何かまずいの？」

院長　「もし、父さんが亡くなって相続になった場合、相続人である息子と同居していたかどうかがポイントになるそうなんだ」

妻　　「えっ、それは困るわ。このままだと相続税すごく高くなっちゃうんじゃないの」

相続や遺贈（遺言）によって取得した財産に、被相続人または被相続人と生計を同じくしていた親族の事業用・居住用の建物の敷地が含まれていた場合は、その敷地の相続税の評価額を減額する特例があります。その特例を「小規模宅地等の特例」といいます。この特例の適用を受けることができる土地は使用状況により区分されており、図表4－3のように分類されます。

図表4－3　小規模宅地等の特例

相続開始の直前における宅地等の利用区分			要件		限度面積	減額割合
被相続人等の居住の用に供されていた宅地等		①	特定居住用宅地等に該当する宅地等		330㎡	80%
被相続人等の事業の用に供されていた宅地等	貸付事業以外の事業用の宅地等	②	特定事業用宅地等に該当する宅地等	特定事業用宅地等	400㎡	80%
	貸付事業用の宅地等	③	特定同族会社事業用宅地等に該当する宅地等（一定の法人の事業の用に供されていたものに限る）		400㎡	80%
		④	貸付事業用宅地等に該当する宅地等		200㎡	50%

1　特定事業用宅地等の要件

(1)　被相続人の事業用の宅地等で、その宅地等を相続した者が次の要件のすべてに該当する被相続人の親族であること

　①その宅地等の上で営まれていた被相続人の事業を相続税の申告期限（10ヵ月以内）までに引き継いでいること

　②相続税の申告期限までその事業を営んでいること

　③その宅地等を相続税の申告期限まで有していること

(2)　被相続人と生計を同じくしていた親族の事業用の宅地等で、その宅地等を相続した者が次の要件のすべてに該当する被相続人の親族であること

　①相続開始の直前から相続税の申告期限までその事業を営んでいること

　②その宅地等を相続税の申告期限まで有していること

2　貸付事業用宅地等の要件

(1) **被相続人の事業（不動産貸付業、駐車場業および事業と称するに至らない不動産の貸付）の用に供されていた宅地等で、その宅地等を相続した者が次の要件のすべてに該当する被相続人の親族であること**

①その宅地等に係る貸付業を相続税の申告期限までに引き継いでいること
②相続税の申告期限までその事業を営んでいること
③その宅地等を相続税の申告期限まで有していること

(2) **被相続人と生計を同じくしていた親族の事業（不動産貸付業、駐車場業および事業と称するに至らない不動産の貸付）用の宅地等で、その宅地等の取得者が次の要件のすべてに該当する被相続人の親族であること**

①宅地等に係る貸付業を相続開始前から相続税の申告期限まで営んでいること
②その宅地等を相続税の申告期限まで有していること

※生計を同じくするとは、必ずしも同居を用件とするものではありません。たとえば、勤務、修学、療養費等の都合上別居している場合であっても、余暇には起居を共にすることを常としている場合や、常に生活費、学資金、療養費等の送金が行われている場合には、生計を同じくするものとして取り扱われます。

　なお、親族が同一の家屋に起居している場合には、明らかに互いに独立した生活を営んでいると認められる場合を除き、生計を同じくするものとして取り扱われます。

平成30年4月1日以後の相続または遺贈により取得した宅地等については、その相続の開始前3年以内に新たに貸付事業の用に供された宅地は（3年以内貸付宅地等）、対象外となります（ただし、平成30年4月1日から平成33年（2021年）までの間に相続した宅地等のうち平成30年3月31日までに貸付事業に供された宅地等は、3年以内貸付宅地等に該当しないとする経過措置が設けられています）。

　今回の事例では、クリニックの敷地の所有者は院長の父となっており、その敷地は実際にクリニックを経営している院長の事業用です。そのため、院長の父の相続があった際に小規模宅地等の特例を適用するためには、被相続人であ

る院長の父と相続人である院長が生計を同じくしている必要があります。

　特定事業用宅地等の要件を満たせば、クリニックの敷地の評価額は限度面積（400㎡）まで80％減額することができます。

　また、院長が父親に地代を支払っていた場合は、貸付事業用宅地等に該当し、限度面積（200㎡）まで50％減額することができます。土地は相続財産のなかでも特に評価額が大きくなりますので、小規模宅地等の特例を適用できるか否かは相続税の税額に大きく影響を及ぼします。そのため、相続対策を行ううえでは、土地の使用状況を確認することが必要不可欠でしょう。

　なお、特定居住用宅地等の適用要件、特定事業用宅地等とのダブル適用（最大730㎡）については、本編3－3で述べておりますので、ご参照ください。

第 5 章

個人医院の相続対策

5-1 クリニックを生前に長男に引き継がせる場合、どう資産を引き継いだらいいのですか？

[財産の引継方法]

長男 「父さん、70歳の誕生日おめでとう。はい、俺たち家族からプレゼント」
妻 「あなたもいよいよ古稀ねえ」
院長 「おお、今年もありがとう。まだまだ現役でいたいけど、昔と比べて、最近は体力的にちょっと診療がきつくなってきたなあ」
長男 「そんなこと言わないで、まだまだ元気でいてほしいよ。……ところで、父さん。折り入って相談があるんだ。父さん、昔、ゆくゆくは俺にクリニックを継いでほしいって話をしたことがあったよね」
院長 「ああ、覚えているぞ。だが、これはあくまでも父さんたちの願いだ。おまえがやりたいようにやるのが一番だと思っているよ」
長男 「最近、父さんの跡を継いで開業したいって考えてるんだ。父さんから言われた当時、家を継ぐことなんていまいちピンとこなかったけど。大学で勤務医の仕事をしていくうちに、はっきりしてきたんだ」
妻 「まあ、そうだったのね」
長男 「いろいろ考えた結果、自分がいちばんやりたいことは、父さんの想いを継いで、この地域に寄り添うことだと思ったんだ」
院長 「なるほど。そこまで考えたうえでの結論なら、応援するよ」
妻 「でも、親から子への院長交代って何をするものなのかしら」
院長 「いきなり院長交代じゃなくて、まずはうちのクリニックのやり方や、患者さんやスタッフとの関係に慣れてもらう必要があるよなあ」
長男 「クリニックの土地、建物とか、医療機器もどうすればいいんだろう。うちは個人事業主だけど、院長の名義を変えるだけでいいのかな」

1　まずは子どもにクリニックに慣れてもらう

　個人クリニックで相続人（子）が後継者として確定している場合、相続を待たず生前に院長を交代することによって、相続発生時の開廃業の手続による混乱、診療の空白期間発生を防ぐことができ、クリニックの経営について親からの助言・サポートが可能です。
　ただし、それまで大学病院の勤務医であった子が、いきなり院長になると、円滑な承継に支障をきたす可能性もあります。まずはクリニックの勤務医として環境に慣れてもらい、開業医としてのノウハウを覚え、患者さんや従業員と良好な関係を築くことができた頃に交代をするとよいでしょう。

2　生前に院長を子と交代した場合の財産承継

　生前に院長を交代した際のクリニックの財産については、以下の貸付、贈与、譲渡、といったかたちをとることが考えられます。

(1)　クリニックの財産を子に貸付

　貸付する際には、その後継者となる子と生計が同じか別かによって違いがあります。

①生計が同じ場合

　後継者となる子と生計が同じ場合、有償での貸借では、所得税法上その賃料が親の収入（所得）にならないと定められており、後継者の経費としても認められません。
　ただし、減価償却費や固定資産税などに関しては、生計一親族（本編4－4参照）であることから院長の経費とすることができます。
　また無償である場合、相続時の相続税の財産評価の際、特定事業用宅地等として小規模宅地等の評価減（400㎡まで80％減）を適用することで、納税負担を減少させることが可能です（本編4－4参照）。

②生計が別の場合

　後継者となる子と生計が別である場合、賃貸料を親の収入、後継者の経費とすることは可能です。また、相続時の評価の際は、一定の要件を満たせば貸付

事業用として小規模宅地等の評価減（200㎡まで50％）を適用することができます。

(2) クリニックの財産を子に贈与

　贈与する際の注意点として、同じ財産をもらうにあたり、税率や基礎控除等の関係で、相続税より贈与税のほうが高額になることが多いという点があります。

　また、クリニックの財産とクリニックの債務を同時に贈与する際には注意が必要です。受贈者に一定の債務を負担させることを条件にした財産の贈与を「負担付贈与」といい、負担付贈与を受けた場合は、贈与財産の価額から負担額を控除した価額に対して課税されることになります。

　しかし、贈与された財産が、土地や借地権などである場合および家屋や構築物などである場合、その財産の課税価格は、その贈与の時における「通常の取引価額に相当する金額」つまり「時価」から負担額を控除した価額によることになっています。

　通常の取引価額での評価（時価評価）となると、相続税評価と比較して高額となるうえ、鑑定評価が必要になる可能性が高くなります（贈与された財産が、上記の財産以外のものである場合は、その財産の相続税評価額から負担額を控除した価額となります）。

　贈与は相続時に想定される相続税より贈与税の負担のほうが少ない場合には有効になるのですが、この点に注意が必要でしょう。医薬品の在庫や借入れといった、不動産以外のクリニックの財産債務のみ贈与し、不動産については賃貸や譲渡を考えるという方法もあります。

　また、相続時精算課税制度（資料編資料4参照）を利用することも一つの手段として考えられますが、贈与財産が建物のように時間の経過とともに減価する財産の場合、相続時よりも贈与時のほうが確実に高い評価となるため、注意が必要です。

　そして、この制度はいったん選択すると、選択した年以後贈与者が亡くなる時まで継続して適用され、暦年課税制度（資料編資料4参照）に変更することはできませんので、贈与によって財産を相続人（後継者）に移転することで相続税の納税負担を減少させたい場合には、意味をなさなくなるという点にも留

意しましょう。

(3) クリニックの財産を子に売却

この場合の注意点は、子どもに多額の金銭的負担が生じることや、勇退する院長には売却代金が入ってくるため、金銭のかたちで財産が残り、譲渡所得の申告が必要になることです。

ただし、院長以外の者からの贈与等、なんらかの理由で院長よりも子のほうが多額の金融資産を保有しており、相続対策や院長の引退後の資金確保等のために、その金融資産と院長のクリニックの不動産等を入れ替えたほうがよいと判断された場合に有効になることがあります。

ここで気をつけたいのは、相場よりも低価で売却すると、子に贈与税が課される可能性があることです。不動産を時価と相当な差がある金額で譲渡した場合、その差の部分は贈与とみなされます。譲渡をするのであれば、(2)と同様、不動産に関しては注意が必要です。

3 後継者以外の相続人への配慮

財産を子に貸与した場合や、亡くなるまで院長を続けた場合、相続によりクリニックの財産は後継者となる子が相続することになります。その場合、ほかの相続人の遺留分を侵害しないように配慮が必要です。

後継者以外の相続人が裁判所で遺留分放棄の許可をもらい、院長がすべての財産を後継者となる子に相続させる旨の遺言を作成することで、後継者がすべての財産を相続することも可能です。

ちなみに、遺留分は被相続人の生前であれば、相続人が家庭裁判所の許可を受けることを条件に放棄をすることができます。そのうえで、院長がすべての財産を後継者となる子に相続させる旨の遺言を作成することで、後継者がすべての財産を相続することは理論上可能です。

しかし、遺留分は法律で認められた権利ですので、相応の理由がないと家庭裁判所から遺留分放棄の許可は得られません。被相続人や他の相続人から強要されて不当に放棄せざるをえなかったなどということにならないようにするためです。相続開始後であれば家庭裁判所の許可は不要で、遺留分の放棄は自由にできます。

無用なトラブルを避けるために、遺留分を侵害しないような遺言を記すか、すべての財産を後継者に相続させ、遺留分相当額を代償金として支払う旨を記した遺言を作成し、その代償金分について、後継者を受取人とする生命保険契約などで用意しておくなどの準備をしておいたほうがよいでしょう。

5-2
娘の夫にクリニックを継いでもらいたいのですが、将来もめないためにはどうしたらいいのですか？
[娘の夫への相続対策]

院長　「しんや君（長女の夫）に、今日もずいぶん診察のフォローしてもらって助かったよ。患者さんの評判もいいし、本当にみちこ（長女）もよい相手を見つけたな」

妻　　「あらあら、結婚を猛反対していたのはだれだったかしら？」

院長　「そうだったかな……。実はこの間みちこに、しんや君に後を継いでほしいから、うちの養子になってもらえないかな、と聞いてみたんだよ」

妻　　「みちこ、何て言っていました？」

院長　「それはちょっとむずかしいんじゃないの、とさ。当事者の気持ちの問題だけじゃなく、向こうの家の事情もあるだろうしね」

妻　　「そうね、私だったら子どもをとられたと思うもの。しんやさんのご両親の気持ちもわからなくはないわ。それにね、しんやさんを養子にして、もし、みちこと別れたりしたらどうなるのか心配だわ」

院長　「うーん、それは考えもしなかったけど、そうだよなぁ。いまは仲良くやっているけど、お金が絡むことでもあるし、ここは慎重に考えないといけないな」

妻　　「でも、みちこは看護師だから後を継ぐことはできないわよ。養子にしないでクリニックを引き継いでもらう……、そんな都合のいいことができるのかしら」

後継者が娘の夫の場合、娘の夫を養子に迎え入れることで、子が相続するのと同じ対策をとることもできますが、それには養子となる人やその両親などのさまざまな人の感情が絡むうえ、一度養子としてしまうと、クリニックの財産を相続した後で、たとえ子と離婚することになっても当然元には戻せませんので、注意が必要です。

　このように諸事情により娘の夫を養子にすることができない場合でも可能な対策はいくつかあります。

1　娘の夫にクリニックの財産を貸し付ける

　生前は、娘の夫にクリニックの財産を貸し付け、相続の際にはクリニックの財産を娘に相続させて、その後は、娘が夫（配偶者）に貸す方法です。

　生前については、本編5－1の2⑴の方法と同一です。ただし、娘が相続した後は、貸主と借主が夫婦ですので、ほとんどの場合、生計一親族（本編4－4参照）となります。このため、賃料を支払っても娘の夫は経費にすることはできませんし、相続した娘の所得にもなりません（逆にその賃料の支払いが贈与とみなされる可能性があります）。

　ただし生計一親族が所有する減価償却資産や、土地建物の固定資産税などは、借りる側の経費とすることができるので、娘が相続した後は無償（使用貸借）で賃貸借するとよいでしょう。

2　クリニックの財産を娘の夫に贈与する

　この方法は、経営権だけでなく娘の夫にクリニックの財産が確実に渡るため、後継者であるという認識をしっかりもってもらえるメリットがあります。ただし、贈与税が高額になることが多いこと、また娘の夫に財産の所有権が渡ってしまうため、娘と娘の夫が離婚することになった際に争いとなるリスクがあります。

3　娘の夫にクリニックの財産を遺贈する（遺言を書く）

　この方法によるデメリットは、相続税の2割加算の適用（相続人でないため）があるということと（本編11－3参照）、もし娘と娘の夫が離婚することに

なった場合、生前であれば遺言書を書き直せばよいのですが、相続発生後に離婚することになった場合、**2**と同じリスクがあることです。

また、財産の全部を娘の夫が相続した場合には、相続人全員の遺留分を侵害してしまうかもしれないので、遺言を書く際にはその点に配慮して作成しましょう。

4　娘の夫にクリニックの財産を売却

この場合、もし娘と娘の夫が離婚した際には、クリニックの財産は娘の夫に渡ってしまいますが、その分のお金を受け取っているため、財産としての目減りはありません。ただし、娘の夫にそれだけの資力があることが条件です。また、その売却価格分だけ金銭のかたちで院長の相続財産が増えること、売却価格が時価（通常の取引価額）の2分の1に満たない場合、時価との差額が贈与とみなされることにも注意しなければなりません。

養子にすることも含め、上記いずれの方法をとるにしても、まずは娘の夫に継いでほしいのは、経営なのか、財産と経営なのかについて院長の考えをはっきりさせておくことが大事でしょう。これを決めることによって、どの方法をとるのがよいか、の一助になるでしょう。

また、院長交代の時期は相続が発生してからではなく、できる限り院長の生前、つまりクリニックの経営方針等を伝えることができるうちに行ったほうがよいでしょう。

5-3
長男に開院資金を援助したいのですが、相続で不利にならないでしょうか？
［開院援助と相続対策］

父　　「よしお、開業しようと思っているんだって？　母さんから聞いたぞ」

長男　「医者になって20年、そろそろとは思っているけど、土地建物や資金のことを考えると二の足を踏んでいる状態だよ」

父　　「土地なら、隣町の休耕田を使っていいぞ。あそこなら場所も広さも眼科にちょうどいいだろ。困っているなら建物の資金だって出してやるよ。子どもはよしおだけだから、どうせいつかは、相続するんだから必要な時に使ったほうがいいんじゃないか」

長男　「本当？　おやじ、助かるよ」

父　　「ああ、かまわんよ。独り立ちしようという息子を応援しない親がどこにいる。でも、ちょっと待てよ。私の名義で建てるというのもありかもしれないな」

長男　「どういうこと？」

父　　「ほら、二丁目のアパートだが、賃貸物件を建てると現金でもっているよりも相続税が安くなるって言われて建てたじゃないか。私が建てて、よしおに貸せば相続税が安くなるんじゃないかな」

長男　「ふーん、僕には全然わからないけど、そういうもの何だね。どちらにしても、土地と建物を用意してくれるのは本当にありがたいよ、おやじ」

クリニック開業の際、ご両親から資金提供の提案をしてもらうことができれば大変助かります。ご両親も、息子が独り立ちするのであれば、できる限り応援したいのが人情です。事例のような提案をされることも多いかと思います。

建物への資金提供の方法には、資金そのものの贈与、建物の贈与も考えられますが、贈与税額が相続税より高額となることが多いため、現実的ではありません。実際の選択としては、「資金の貸付による方法」と「親が建てた建物を賃貸借する方法」が考えられます。

なお、資金提供を受ける際には、親の資金を使うことで、相続が発生した際、相続税の納税資金不足に陥らないかどうかは、必ず確認しましょう。

1　資金の貸付による方法

他人にお金を貸すのと違って、親子間の金銭の貸し借りの場合、どうしても「ある時払いの催促なし」になりがちです。また、親子間で書面を交わすのも大げさな気がして、口頭だけで契約を済ませることもよくあります。

しかし、そのような金銭の貸付は、「あげた」も同然なため、民法上は認められても、税務上は「贈与」とみなされ、贈与税の対象となる可能性があります。そうならないためには、だれがみても明確に「貸借」である以下の準備が望ましいでしょう。

- 金銭消費貸借契約書（図表5-1）を交わす（確定日付を取ることが望ましい）。
- 契約書には、貸付金額、返済期間、返済方法、返済期日、利息、契約日を記す。
- できる限り自筆署名、押印をする。
- 契約書通りの返済を現実に行う（銀行口座間での取引が望ましい）。
- 開業後、借入残と返済金額について、正確に記帳をする。

利息については、銀行の利息等を参考にして設定しましょう。無利子でもかまいませんが、利息部分について、子どもは「払わなくてもよい＝経済的利益を受けた」ことになることから、みなし贈与として課税されるおそれがあります。

その年の利息相当額が贈与税の基礎控除額（110万円）内なら課税されませ

図表5-1　金銭消費貸借契約書

金銭消費貸借契約書

　○○○○（以下、「甲」という）と△△△△（以下、「乙」という）は、次の通り金銭消費貸借契約を締結した。

第1条　甲は乙に対し、本日、金　○○○○○円を貸付け、乙はこれを受領した。

第2条　乙は、甲に対し、前条の借入金○○○○○円を平成○○年○月から平成○○年○月まで毎月○日までに金○○○円宛分割して、甲の持参又は甲の指定する口座に送金して支払う。

第3条　利息は年○パーセントとし、毎月○日までに当月分を甲に持参又は甲の指定する口座に送金して支払う。

　上記の金銭消費貸借契約を証するため、本契約書2通を作成し、各当事者署名押印のうえ、各1通を所持する。

　平成○○年○○月○○日

　　　　　　　　　貸主（甲）　住所　＊＊＊＊＊＊＊＊＊＊
　　　　　　　　　　　　　　　　　　○○○○○　印

　　　　　　　　　借主（乙）　住所　＊＊＊＊＊＊＊＊＊＊
　　　　　　　　　　　　　　　　　　○○○○○　印

んが、ほかにも受贈していた場合、合計額が110万円を超えると贈与税が課税されることもあります。

　相続時精算課税制度（資料編資料4参照）を利用している場合は、毎年の利息額も申告の対象となります。また、その際の利率は借入時の特例基準割合（平成30年は1.6％）というものを用いることとなるため、110万円を超えるかどうかは、この割合でもって計算しておきましょう。

　なお、親子間等の場合、利息部分が少額とみなされる場合や、課税上弊害が

ないとみなされた場合の無利息による経済的利益にかかる贈与税は、非課税となる場合があります。しかし、少額とはいくらなのか、課税上弊害がない場合はどのような場合なのかについての基準は明確に示されていませんので、常に非課税になるわけではない点に留意してください。

なお、利息部分については、生計一親族の場合は（本編4－4参照）経費にできませんが、生計別の場合には経費として算入できます（親は利息を雑所得として申告する必要があります）。無利息とするか有利息とするかについて、この点も考慮に入れるとよいでしょう。

また、親から子への貸付残高がある状態で、親に相続が発生した場合には、その残高は相続財産となることにも注意が必要です。なお、貸付というかたちで減った財産を返済というかたちで戻すため、相続対策として子への財産移転を行いたい場合には、効果が低くなります。

2　建物賃貸借による方法

親がクリニックの建物を建設し、子に貸し付けることは、相続対策として有効といえます。現金が建物に置き換われば、建物の評価は年とともに減価するため、相続税評価額が減額でき、相続税負担を減らす効果があるからです。

ここまではアパート建設の際も同じですが、子がクリニック等事業用に使う建物を親が建てた場合、親に相続が発生すると、小規模宅地の特定事業用宅地の特例が適用できる可能性があるのです。この特例は適用できる面積に制限があるため、クリニックの宅地の評価が、どの土地よりも高額になる場合には検討するとよいでしょう。

その場合、生計一親族であることから、賃借料は無償でも有償でも、固定資産税相当額や建物の減価償却費などはクリニックの経費として認められますが、有償の場合でも家賃は医院の経費計上は認められません。

生計別の親子の場合には、賃借料を子が親に支払えば、相続税対策の効果はアパート建設の場合と同様、貸家建付地評価となり、要件を満たせば貸付事業用宅地等での小規模宅地等評価減の適用が可能です（小規模宅地等の特例の適用要件は本編4－3参照）。そのかわり、賃料収入によって親の所得税が増額することと、金銭のかたちで親の財産が増加します。

無償の場合には使用貸借契約となり、これら評価減の適用はありません。

賃貸借による場合は、生計一か別か、有償か無償かによる違いをよく把握して、借りる際には賃借料をどうするか、判断したほうがよいでしょう。

3　開業時における相続対策

クリニックの建物を親または子のどちらが建設したらいいのかを具体的な例をあげて比較してみました。

・パターン１　クリニック建物の所有者が子（院長）の場合
　子（院長）が親から資金を借り入れ、クリニック建物を建築する場合
・パターン２　クリニック建物の所有者が親の場合
　親がクリニック建物を建築後、子（院長）に賃貸する場合

親の相続が起こった場合の納める相続税にどれくらいの差が生じるでしょうか（図表５-２）。

図表5－2　クリニックや建物の所有者の違いによる相続税額の差

	＜パターン1＞ 子(院長)が親から資金を借り入れ、クリニック建物を建築する場合	＜パターン2＞ 親がクリニック建物を建築後、子(院長)に賃貸する場合	
≪相続税額の計算≫			
クリニック敷地評価（400㎡）	6,000万		6,000万
クリニック敷地評価減		①	－900万
クリニック建物評価		②	3,500万
クリニック建物評価減		③	－1,050万
クリニック以外不動産	1億		1億
現金　　　　　　　　(a)	3,000万		3,000万
親から子（院長）への貸付金	5,000万		
相続財産評価額計　　(b)	2億4,000万		2億550万
基礎控除 (3000万＋600万×法定相続人数)(c)	4,800万		4,800万
配偶者以外の相続人数	2		2
相続財産　　　　(b)－(c)	1億9,200万		1億5,750万
相続税額　　　　　　(d)	3,700万		2,837万
納税資金過不足額　(a)－(d)	④　△700万		162万

相続対策のポイント！

　①親から子（院長）へ貸しているため、クリニック敷地の評価は15％減額できます（貸家建付地評価　資料編資料1参照）
　②建物の相続税評価額は、固定資産税評価額となります（購入価格の70％程度になります）
　③親から子（院長）へ貸しているため、クリニック建物の評価は30％減額できます（貸家評価　資料編資料1参照）
　④親からの借入金は相続税の課税対象となりますが、すでにその資金を使って建物を建設しているため、納税資金が不足することになります

パターン２では、パターン１の現金での借入れと比べて、建物と敷地の評価減等の恩恵（①～③）を受け、相続財産評価額を減少させる効果があり、その結果、相続税が減少することがわかります。

　また、パターン１の場合は、子（院長）から貸付金の返済が進むにつれて、親の相続財産に戻し入れる現金の額が増加しますが、貸付金の残高が多い時期には、納税資金が不足することも考えられるため（④）、その点からもパターン２が相続対策に効果的といえます。

　パターン２では、親はクリニックから毎年安定した賃料収入を得ることができ、双方にメリットがあります。しかし、注意しなくてはいけないことは、賃料収入に対する親の所得税の負担が大きくなる可能性があることと、受け取った賃料により、相続財産が増加することです。このため、賃料収入の収支バランスに注意することや、孫と相続人以外の者に少しずつ現金を贈与していくことも、あわせて考えたい方法の一つです。

ご両親からありがたい資金援助の話があった際には、そのまま資金を借りるのではなく、クリニックの建物をご両親から借りる方法も検討してみてはいかがでしょうか。

5-4
院長が突然倒れた場合、当面の運転資金をどうしたらよいでしょうか？
[指定代理請求制度]

母　「おかえり、大学の同窓会どうだった？」

長男　「……それがさあ、林君のおやじさんが2カ月前に倒れたんだって」

母　「ええっ、お父さんとも同い年よね、大丈夫だったの？」

長男　「うん。おやじさんは、なんとか命は助かったらしいけど、意識不明の状態が続いていて、林君がクリニックを急きょ継いだらしいんだ」

母　「それは大変だったわね。でも、林君もうちと一緒で、お父さまのクリニックで働いていたから、そんなに混乱はなかったんじゃないの？」

長男　「診療のほうは、まあなんとかなっているみたいだけど、運転資金に苦労しているようだよ。彼が、おやじさんの預金を使えば兄弟間でもめるだろ。そもそも、おやじさんがそんな状態だと、本人の意思が確認できないから、銀行から引き出せないらしいよ。林君は、そんなに預金をもっていないから大変みたいだよ。林君には、『親が元気なうちに、手をうっておいたほうがいいぞ』って、言われちゃったよ」

母　「なんだか聞いているだけで頭がクラクラしてきちゃった。いままで考えもしなかったけど、お父さんだっていい年だし、そんなことがあってもおかしくないのよね。早速この話をして、なんとかしてもらわなきゃ」

院長が突然倒れ、意思表示ができない状態に陥った場合は、たとえ後継者がすぐ決まっても、その後の運転資金に困る場合があります。
　院長を交代するということは、個人経営の場合、前院長のクリニックは廃業し、後継者が新たにクリニックを開設するということになるので、引継前の保険診療報酬の入金は前院長の口座へ、引継後の保険診療報酬の入金は後継院長の口座へ振り込まれることになります。しかし、この保険診療報酬が振り込まれるのは、請求から2カ月後です。その間も、人件費や経費の支払いは当然に発生します。かといって、前院長は意思表示をできないため、金融機関の口座から多額の現金を引き出すことは困難です。
　また、前院長のクリニックの未払経費をその口座から支払う分には、ほかの相続人ともめることは少ないでしょうが、引き継いだ後継者がクリニックの経費を前院長の口座から引き出して支払うと（前院長から借入れしたかたちになります）、ほかの相続人とトラブルになるおそれがあります。
　さらに、前院長が突然亡くなった場合は、前院長の口座が凍結されるため、さらに運転資金の確保に苦しめられることでしょう。
　後継者が決まっていても、院長を交代する時期までに間があるような場合には、一次的な資金不足を防ぐために、事前に、後継者への贈与である程度の資金を移しておいたり、介護保障特約や高度障害特約など、被保険者が要介護状態や高度障害になった場合に保険金がおりる保険に加入し、後継者が指定代理請求できる特約を付加したりするとよいでしょう。
　ただし、指定代理請求特約は、受取人に代わって保険金を請求する（金銭の所有権は被保険者にある）制度ですから、保険金の振込口座は受取人の口座になることに注意が必要です。また、その金銭を後継者の運転資金として借用する予定ならば、借入れの予約契約書（金銭消費貸借予約契約書）を事前に締結し、返済時に利息を付すなど、贈与とみなされないようにしたほうがよいでしょう。

指定代理請求制度

　入院給付金や介護保障保険金、高度障害保険金など、被保険者本人が受取人となる保険金を請求する際、被保険者本人が傷害または疾病により意思表示できないなど特別な事情がある場合、契約者があらかじめ指定した代理人が被保険者に代わって請求することができる制度です。

　指定代理人となることができる者は、保険会社によって異なりますが、多くの場合、配偶者や直系血族などに限られています。保険会社や保険商品によっては指定代理請求制度がない場合もありますので、各保険会社にご確認ください。

第 6 章
医療法人について

6-1
個人医院と医療法人とでは、どのくらい相続税が違うのですか？

[個人医院と医療法人の相続税]

院長　「やれやれ、僕たちも今年で還暦だな……」

友人　「ああ、早いもんだ」

院長　「そういえば、今年のお盆に帰省した息子から、相続対策をしているかどうかの質問をされたんだよ」

友人　「おいおい、気が早過ぎないか？」

院長　「僕もそう思ったんだけど、どうやらこのままだと税金が大変だから、対策してほしいということみたいなんだ」

友人　「おいおい気になる話だな。それで、息子さんは、どんなことをしてほしいと言っているんだ」

院長　「息子が言うには、個人のクリニックのままだと、相続税が高額になるって話なんだよ……」

友人　「いまさら？」

院長　「そうなんだ。だから、医療法人の設立をしたほうがいいのかなあ。どう思う？」

友人　「僕は、所得税の節税ってことで、税理士にすすめられて勢いで設立したからなあ。相続税のことまでは考えてなかったよ……」

相続対策の一つとして、財産の評価額を下げる方法があります。そのためには、クリニックに関係する財産の評価の仕組みを知る必要があります。

クリニックを経営する場合、大きく分けて個人と法人があり、個人のクリニックと医療法人の評価方法は異なっています。

1 個　　人

個人の場合は、院長の個人的な資産負債を含め、クリニックに関係するすべての財産と債務が相続税の課税対象となります。したがって、クリニックの土地建物や医療機器などの財産と、借入金など債務を個々に評価しなければなりません。

2 医療法人

医療法人とは、病院、医師もしくは歯科医師が常時勤務する診療所または介護老人保健施設を開設することを目的として、医療法の規定に基づき設立される法人です。

医療法人の代表的な形態で社団医療法人がありますが、その評価方法は「出資持分あり」と「出資持分なし」により異なります。

出資持分とは、医療法人に出資をした者が、その医療法人の資産に対し、出資額に応じて有する財産権をいいます。

医療法人を設立する際に出資または拠出をしますが、出資者が出資持分に応じて払戻しの請求をすることができる医療法人を「持分の定めのある医療法人」といい、払戻しの請求をすることができない医療法人を「持分の定めのない医療法人」といいます。持分の払戻しの請求の可否により受け取ることができる金額が変わりますので、評価方法はやはり異なる方法になります。

①持分の定めのある医療法人

持分の定めのある医療法人の場合は、出資持分が相続税の課税対象となります。

出資持分の評価は、「取引相場のない株式の評価」に準じることとなっており、その法人の純資産価額を基準にする方法と同種同規模の法人の数値を基準にする方法を併用して計算します（資料編資料5参照）。

②持分の定めのない医療法人

　持分の定めのない医療法人の場合は、基金に拠出した金額が相続税の課税対象となります。医療法人を退職する際に払い戻される金額は、拠出した金額が限度になります。

　平成19年施行の医療法改正により平成19年4月以降に申請された医療法人は、「持分の定めのない医療法人」に限られることになりました。医療法人の理事長に相続があった場合、上記のとおり相続税の評価額は、基金の拠出金額になります。経営が順調で利益が医療法人に多額に留保されていても、承継の際に相続税の課税対象になるのは、あくまで基金の拠出金額です。次世代に引き継ぐ際に相続税の税負担が軽減されることになります。
　しかし、医療法人を解散する場合には、留保されている残余財産は国および地方公共団体に帰属することとなりますので、その点を踏まえたうえで検討することが必要になります（本編6－4参照）。

6-2 医療法人にすると、相続税が軽減できますか？
[医療法人のメリット]

妻　「今月の医師会の会報に、医療法人設立の説明会の案内があったでしょ」

院長　「急にどうしたんだい？」

妻　「実はね、知り合いの奥さまからも医療法人設立の話を聞いていたので、興味があったのよ。けっこうメリットがあるらしいので、まずはうちの税理士さんに話を聞いてみたのよ」

院長　「ふーん。医療法人の税率は、いま適用されている税率より低いから、節税効果があると言われているからね。でも、どれくらい効果があるのかわからないし、設立するとなると、いろいろ面倒くさいしなあ……」

妻　「うちの父のクリニックも、かなり前に医療法人にしたわよ。父の場合は、相続対策のためにしたみたい」

院長　「へえ、医療法人にすると相続対策になるのかい？」

妻　「一度、医療法人を設立するメリットについて調べてみたほうがいいんじゃないかしら。なんかうちだけソンをしているような気がするのよ」

院長　「そういわれると、気になるなぁ……」

医療法人の設立による、相続対策上のメリットは以下のとおりです。

(1) 医療法人にプールされる財産には相続税がかからない

平成19年4月1日以降に設立される医療法人は、「持分のない医療法人」となり、その法人が解散した場合、法人に蓄積されている財産は、国または地方公共団体のものになるという制度となっています。そのため、法人に蓄積されている財産は、その法人の出資者の相続財産からは除外されますので、相続税を軽減する効果が期待できます。

(2) 相続財産のコントロールができる

医療法人の財産は、個人の財産とは別物ですから、役員報酬を多くすれば個人の財産が増えることとなり、逆に役員報酬を少なくすれば、法人の財産が増えることとなります。院長の相続財産をあまり増やしたくない場合は、役員報酬を低めに設定します。その結果、法人の財産は相対的に増加することとなりますが、(1)で述べたように、新制度の医療法人に蓄積される財産には相続税がかかりませんので、機動的な相続財産のコントロールが可能となります。

(3) 退職金の準備と支払ができる

退職金については、通常の給与と異なり、受け取った時の所得税が低く抑えられます。また、死亡による退職金については、相続財産の計算上一定の控除額が認められています。

個人事業の場合、小規模企業共済を活用して、毎年の掛け金を所得控除としながら退職金を積み立てることは可能ですが、金額に上限があり、それほど多くの積立てを期待することはできません。

これに対し医療法人の場合は、保険契約を活用することによって保険料の一部を経費としながら退職金の積立てが可能となります。

その支給金額については、下記の算式を目安として計算することができます。

医療法人の役員退職金の目安
退職時の月額報酬×役員としての在任年数×功績倍率

なお、医療法人を設立した場合のメリットは、相続税対策だけではありません。個人事業の場合は、院長とそのご家族は国民年金に加入されていることが多いのに対し、医療法人の場合は、役員にも厚生年金への加入が義務づけられています。

　そのため、将来受け取る年金額は国民年金に比べると多くなることが予測されます。従業員についても同様のことがいえますので、福利厚生の充実につながり、求人面での優位性も確保できるといえます。

6-3
医療法人の設立に必要な手続と スケジュールがわかりません
[医療法人の設立手続]

夫　「大変だよ。最近おやじが調子が悪いって言っていたから、クリニックで検査したらどうも胃がんの可能性が高いんだよ」

妻　「えっ、そうなの。ついこないだお会いした時は、ゴルフの帰りですごく元気そうだったのに」

夫　「僕もビックリしたよ」

妻　「何かお手伝いできることはないかしら。ところでおとうさんのクリニックはどうなるのかしら」

夫　「おやじも85歳だし、そろそろ引退かなっていっていたけど、そんな悠長なことを言ってられなくなったな」

妻　「困ったわねえ」

夫　「手術となると、高齢だし、いままでのように診療を続けるわけにはいかないだろうな。先週、僕がクリニックを引き継ぐタイミングで医療法人化しようと言っていたけど、それも早く進めなければいけなくなったなあ」

妻　「でも、医療法人の設立なんて、どうすればいいのかわからないし、そんなに簡単にできるものかしら。税理士さんに丸投げしてもいいのかしら」

相続対策の一つとして、医療法人の設立を検討される人も増えてきています。しかし、一般的な株式会社などに比べると、医療法人の設立には手続が多く、また法人として事業を開始できるまでおおむね半年ほどかかりますので、短期的な相続対策には不向きです。

　また、医療法人の設立には、都道府県の認可が必要となります。都道府県の医療法人を担当する部局が、設立の手続やスケジュールを公開していますので、事前に確認したほうがよいでしょう。また、都道府県に認可申請をする前提条件として、医療法人設立の説明会に出席することを義務づけている地域もありますので、注意が必要です。

　一般的な設立の手続については、図表6-1を参照してください。これらの一連の手続に必要な書類は、各都道府県より提示されていますので、それに従って作成します。

　事業計画作成などの作業を伴いますので、通常は専門家に依頼することが多いと思われます。ただし、ここで気をつけなければいけないことは、どこまでの範囲を依頼するのかです。書類の作成だけなのか、県の認可を取得するところまでなのか、その後の保健所や厚生局への届出までを含んでいるのか、事前に確認しておかなければなりません。

　設立と同時に、事業用の銀行口座の設定や、引落し口座の変更、税務署への届出なども必要です。また、医師も含め社会保険への加入が必須となりますので（地域によっては医師国保の引継ぎも認められる）、届出が遅れないように準備をしておきます。

　これらの一連の作業を専門家に依頼した場合、通常は数十万円ほどの費用がかかります。このほか、設立登記にかかる費用などもありますので、依頼する場合は事前に確認しておいたほうがよいでしょう。

図表6-1 医療法人設立から事業開始までの流れ

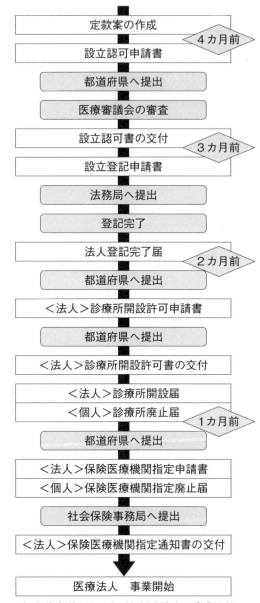

※個人診療所から一人医師医療法人の事業開始
　までの流れは各都道府県によって異なります。

6-4 後継者がいないクリニックを医療法人化する場合、何か注意すべきことがありますか？

[医療法人の解散]

妻　「ねえ、知ってた？　高橋さん（友人）が、今度クリニックを医療法人化するんですって」

院長　「そうかい。いずれ息子さんと交代することを考えれば、そのほうがスムーズだし、節税対策にもなるからね」

妻　「節税対策になるなら、うちも検討したほうがいいんじゃないの？」

院長　「高橋さんのところみたいに後継者がいれば、メリットがあると思うけど、うちの子はみんな医者じゃないからなぁ」

妻　「後継者がいるといないとでは何が違うの？」

院長　「たとえば、僕に万一のことがあると、後継ぎがいないから解散することになるだろ。そうすると、医療法人の財産が国のものになってしまうらしいよ」

妻　「国にとられるなんて、そんなことがあるはずないと思うけど」

院長　「いやいや、そうらしいんだよ」

妻　「じゃあ、後継者がいないクリニックはどうしたらいいのかしら？　せっかくいままでがんばってきたのに、それでは努力が水の泡じゃない！」

院長　「何かいい方法があるのかねえ」

医療法人の解散については、医療法により解散事由が定められており、それ以外の事由による解散は認められていません。主な解散事由には次のようなものがあります。事由によっては都道府県知事の認可が必要になるので、事前に確認が必要です。

・社員総会の決議
・ほかの医療法人との合併
・社員の欠乏
・破産手続の開始の決定

医師である理事長が死亡したことによる医療法人の解散は、このうち「目的たる業務の不能」によるものが多いです。たとえば定款に「○○クリニックを廃止したとき」「○○クリニックを休止して、その期間が1年を超えるとき」などの記載がある場合、理事長＝クリニックの管理者が亡くなり、後継ぎの管理者が見つからない場合、クリニックを長期に休止または廃止せざるを得ないため、解散となるのです。

理事長が亡くなったとしても、その子女が医科または歯科大学（医学部または歯学部）に在学中、もしくは卒業後に臨床研修その他の研修を終えるまでの間については、医師（または歯科医師）ではない配偶者等が、都道府県知事の認可を受けて理事長に就任できますので、医療法人を継続することが可能ですが、管理者になることは医師しかできませんので注意が必要です。

解散した医療法人に財産が残った場合（残余財産といいます）、旧制度の（持分の定めのある）医療法人の場合は、持分を有している出資者に対して財産の分配がなされます。設立時点の出資金に比べて、分配される財産が多くなることが一般的ですが、その差額については税金が課せられます。

一方、新制度の（持分の定めのない）医療法人においては、残余財産は国または地方公共団体に帰属しますので、出資者に戻ることはありません（ただし、院長が最初に出したお金については、基金というかたちをとることによって、解散の時は返還される取決めを定款に記載することができるようになっています）。

したがって、後継者がいないクリニックが新制度の医療法人を設立する場合は、毎年の役員報酬や退職金の支出により、解散時には、法人に財産をあまり残さないようにすることを検討してみてもよいでしょう（「持分の定めのある医

療法人」「持分の定めのない医療法人」の定義については本編6-1を参照)。

　最近は、後継者がいないからという理由で、解散を考える前に医療法人の第三者への譲渡を検討する人も増えてきました。

　この場合、できれば診療をやめてからではなく、クリニックの事業を継続している間に話を進めたほうがスムーズな承継につながることが多いようです。早い時期にタイムスケジュールを作成し、希望する条件（譲渡対価、従業員の引継希望など）を明確にしておくとよいでしょう。

第7章
医療法人の相続税

7-1 医療法人の理事長をしていますが、退職金の適正額はどのくらいなのですか？

[理事長の退職金等]

院長 「息子が私のクリニックに勤めてくれて数年になるけど、患者の引継ぎもうまくいっているようだし、そろそろ引退しようかと思っているんだ」

友人 「そりゃあ、よかったじゃないか」

院長 「しかし、ちょっと心配事があってね」

友人 「どうしたんだい？ 立派な後継ぎもいるし、何も問題ないじゃないか」

院長 「これまで働いてきたので、ある程度は蓄えがあるけれど、長生きの家系ではないし、この先なにがあるかもわからないから、収入がなくなってしまうのは不安だよ」

友人 「たしかに大病になると、医療費もかかるだろうしなあ」

院長 「それに、万一の場合、遺された家族の生活費やクリニックの運転資金なども気がかりだし……」

友人 「でも医療法人だし、君が理事長なんだから、退職金として大きい金額を受け取れるようにすればいいんじゃないのかい？」

院長 「そう思っていたんだけど、ある程度適正金額があるみたいで、それ以上だと税金面で不利になるらしいんだよ」

友人 「そりゃあ気になるよなあ、税理士に相談してみたらどうだい？」

企業のサラリーマンの場合、定年退職の際に退職金が支給されるケースが多くみられます。ではご自身で開業されているクリニックの場合はどうでしょうか。この場合、個人医院と医療法人とでは取扱いが異なります。
　まず個人医院の場合はクリニックの利益（もうけ）が院長先生の個人の利益であるという考えをとるため、ご自身が受け取る退職金を必要経費に計上することは認められていません。したがって後継者に事業を承継した時や、院長に万一のことがあった場合も、小規模企業共済などに加入していない限り、院長やご遺族はクリニックの経費としての退職金を受け取ることができないのです。
　一方、医療法人の場合は医療法人本体と、その役員である院長とは法的に別人格とみますので医療法人から役員に対し退職金を経費計上することができます。ただ、退職金の経費計上が認められるといっても無制限に認められるわけではありません。

1　通常退職時の退職金

　医療法人の役員が退職する場合、医療法人の役員退職慰労金規定に基づいて、一般的に適正とされている額を上限に「退職慰労金」さらには「特別功労金」といった名目で支給することができ、その全額を経費計上することができます。
　では、一般的に適正とされている金額とは、はたしていくらなのでしょうか。この金額は定められた計算式で算出されます。
　まず退職慰労金の場合、
　最終の月額報酬×役員としての在任年数×功績倍率
となっており、功績倍率は1～3倍あたりが一般的です。
　特別功労金は法人の運営に特別な実績がある場合に支給が認められるもので、死亡退職金の30％までの金額を支給するのが一般的です。

2　死亡時の退職金

　役員が亡くなられた場合、上記1と同様に、役員退職慰労金規定を具備したうえで退職金や弔慰金を支給することができます。退職金の金額は、通常、退

職時と同じ計算式で算出します。

また、死亡退職には弔慰金が認められます。

業務上で亡くなられた場合は、

　　死亡当時の普通給与×36カ月

　業務以外で亡くなられた場合は

　　死亡当時の普通給与×6カ月

の範囲内であれば相続税の対象とならないため、上記の範囲内で支給するのが一般的です。

3　退職金にかかる税金

ここまで退職金を支給した医療法人側の取扱いについて述べてきましたが、受給した本人側の取扱いはどうでしょうか。

通常の退職金の場合は、退職所得として通常の給与所得や他の所得とは別で分離課税されます。また、「退職所得の受給に関する申告書」の提出が前提となりますが、退職所得には退職所得控除があり、通常の給与等に対する所得税に比べ、税負担が軽くなるように配慮されています。したがってその控除額を超える部分にだけ所得税、住民税がかかることになります。

退職金の税額は、次のように計算します。

・所得税

　（［退職金の金額－退職所得控除額］×1/2）×所得税の税率

・住民税

　（［退職金の金額－退職所得控除額］×1/2）×10％

図表7－1　退職所得控除額

勤続年数（＝A）	退職所得控除額
20年以下	40万円×A （80万円に満たない場合には、80万円）
20年超	800万円＋70万円×（A－20年）

事例①　退職金5,000万円、勤続年数15年の場合
［5,000万円－（40万円×15年）］×1/2＝2,200万円
（所得税）2,200万円×40％－2,796,000＝6,004,000円
（住民税）2,200万円×10％＝2,200,000円
（手取額）5,000万円－6,004,000円－2,200,000円＝41,796,000円

事例②　退職金1億円、勤続年数35年の場合
［1億円－1,850万円（※1）］×1/2＝4,075万円
（※1）800万円＋70万円×（35年－20年）＝1,850万円
（所得税）4,075万円×45％－4,796,000＝13,541,500円
（住民税）4,075万円×10％＝4,075,000円
（手取額）1億円－13,541,500円－4,075,000円＝82,383,500円

※復興特別所得税は省略しております。

　一方、死亡時の退職金の場合、本人は亡くなられているので、ご遺族の相続税の対象になります。死亡退職金、特別功労金などの退職金の合計額から非課税限度額「500万円×法定相続人の数」を控除した金額が課税の対象になります。
　前述のとおり弔慰金や花輪代、葬祭料として受け取った金銭は、相続税の対象にはなりませんが、弔慰金は前記2の計算例の金額を超える額は、退職金として相続税の対象になります。

4　みなし退職金とは

　現在の院長が、まだまだ存在感があるものの後継者に権限を移譲したい場合、あるいは退職金を早く計上したい場合は、みなし退職金を活用する方法があります。
　みなし退職金とは、理事長からは降格するものの、理事として在任する場合や、役員報酬が降格などにより大幅に減少する場合など、実際には退職していなくても退職したものとみなして支払う退職金のことで、経費計上が認められ

ます。
　この方法は退職金を早めに支給することにより、医療法人の資産の減少が図られるため、出資持分を移転する際の法人の評価を下げる方法としても非常に有効です。
　ただこの方法には、いくつかの条件がありますので注意が必要です。
　・理事長から理事に、理事から監事に等の役員の降格
　・役員報酬が50％以上減額すること
　・経営権をもっていないこと
　これらの条件に当てはまるときに、みなし退職金が認められます。

7-2
父の医療法人を引き継ごうとしたら、弟が出資持分の払戻しを求めてきました！
［出資持分のトラブル］

次男　「久しぶりだね、父さん、兄さん」

長男　「けんじ（次男）！ おまえ、よくもまあヌケヌケとこの家に帰ってこられたものだな」

院長　「勝手に投資の話を進めて、結局うまくいかなくなって、うちにどれだけ迷惑をかけたと思っているんだ。二度とこの家の門はくぐらせないといったのを忘れたのか」

次男　「やだなあ。せっかく帰ってきたっていうのに、2人とも冷たいなあ。今日はね、大事な話があって来たんだよ」

院長　「おまえと話すことなんて何もない！ どうせまたろくでもない話をもってきたんだろ。聞きたくないから帰れ！」

次男　「そっちは聞きたくなくても、こっちには聞いてもらいたい話があるんだよ。僕の医療法人の出資持分があるだろ、それを返してもらおうと思っているんだ。ちょっといい話があって、どうしてもまとまったお金がいるんだよ」

長男　「なにを言い出すんだ！ おまえに渡す金なんて1円もない」

次男　「それはおかしいよ。定款にちゃんと『社員資格を喪失した者は、その出資額に応じて払戻しを請求することができる』って書いてあるじゃないか。僕は法人を退社して、社員の資格を失っているんだから条件は満たしているよね。さあ、払ってよ」

後継者が実家の医療法人を承継しようと決断しても、次のような理由によって承継がうまくいかないケースも少なくありません。
　①親である高齢の理事長がなかなか引退してくれない
　②理事長と後継者（ほかの病院に勤務）の間では承継の話がまとまっているが、後継者以外の相続人がその話を知らない
　③兄弟間での後継者争いや、後継者自身の子どもの学費など経済的な事情が存在する

　後継者に医療法人を譲る理事長の多くは70歳前後といわれています。ここで承継がスムーズに進まず、理事長が高齢になると患者さんが離れていってしまうリスクもあります。
　医療法人の承継は、いつ理事長を変更するのかという交代のタイミング、加えて旧制度（持分あり）の医療法人の場合には出資持分をどのように移していくのかということが重要なポイントになります。

1　理事長交代のタイミング

　クリニックが医療法人で、親子間の承継の場合、個人のクリニックや第三者間での承継に比べてスムーズにいくのではないかというイメージをもたれる方が多いと思います。たしかに当事者間での話し合いや手続等の過程で第三者間よりは進めやすいのは間違いありません。
　しかし、患者さんへの対応となるとそうはいきません。いままで通っている患者さんは、現院長に診てもらいたくて来院されています。それなのに、ある日突然院長が替わったらどうでしょうか。とまどいを抱き、ほかの医院へ移ってしまうことも考えられます。
　スタッフにも同じことがいえます。現院長の診療方針や人柄に惹かれて長年勤務をされているスタッフも多いと思います。長年クリニックを支えてくれたスタッフはいわばクリニックの財産です。急な院長交代は優秀なスタッフの流出にもつながります。
　このように、たとえ親子間とはいえ、事業承継にはいろいろな課題が存在します。そこで重要となるのは、しっかりと時間をかけることです。後継者は、当初は勤務医というかたちで現院長と一緒に診療にあたります。そうしたなか

で現院長の診療方針、患者さんへの対応などをしっかりと学び、また患者さんやスタッフに自分という医師をしっかりとみてもらいます。そして後継者が患者さんやスタッフからの確かな信頼を得られたタイミングで院長を交代します。こうすることでリスクを最小限に押さえながら事業承継を行うことができます。

2　出資持分にかかわるトラブル

　近年、医療法人に出資持分にかかわるトラブルで、非常に増えてきているのが出資持分の払戻請求の問題です。
　平成19年3月31日以前に設立された医療法人の定款には
「社員資格を喪失した者は、その出資額に応じて払戻しを請求することができる」
との記載のあるケースが多いと思います。これは医療法人設立手続の際に、モデル定款として記載があったためですが、この一文が後に非常に大きな意味をもってくることがあります。
　この一文の意味は、出資持分をもっている者が退社や死亡などで社員としての資格を失った場合に、医療法人に出資持分の払戻しを請求できるということです。
　では、なぜこの一文が問題になってくるのでしょうか。
　医療法人を設立する際、理事が3名以上必要なことから、当時後継者がまだ決まっていない場合、お子さまたちに均等に出資してもらっているケースがあります。これはお子さまのなかでいずれが後継者になってもいいようにしておこうという現院長の配慮なのですが、このために後継者以外のお子さま、あるいはお子さまに万一のことがあった場合に、その持分を相続された人から払戻請求を受ける可能性があるのです。
　医療法人は配当ができないため、クリニック経営が10年、20年と順調に推移すればその純資産総額は設立当初に比べて相当大きくなっていることが多々あります。
　たとえば設立当初の出資は500万円であっても、20年後の現在、純資産総額が20倍になっていれば、持分も20倍の1億円の払戻請求をされる可能性が出て

きてしまいます。この問題は医療法人にとっては非常に深刻です。仮に当初の出資総額が2,000万円、現在の純資産総額が20倍になったとしても、4億円もの現預金があるとは限りません。建物や医療機器などの固定資産も含めての純資産総額ですから、とても請求通り払えないという事態になってしまいます。

またこの問題を、出資持分を相続する側からみてみましょう。

クリニックの経営が順調で、出資持分の評価額が非常に高くなった時点で相続することになった場合、多額の相続税を納付する必要があり、それだけの納税資金をすぐに確保することは困難でしょう。

出資持分を一財産として、その価値を考慮しておく必要があります。

このような事情から出資持分の問題は非常に複雑かつ深刻化する危険性を含んでいます。

これらの問題を回避するためには、理事長、後継者およびほかのご家族が日頃からしっかりと話し合い、全員の協力のもと、事業承継対策に早めに取り組み、医療法人の方向性を決めておくことが重要です。

Column

出資持分評価の具体例

　よくある規模（中会社に相当）の医療法人の出資持分を評価した例をご紹介します。

【条件】
- 出資金：3,500万円（3500口）→ 1 口当り10,000円
- 医業収益：1 億4,000万円
- 課税所得金額：800万円
- 純資産価額：1 億7,000万円（簿価と相続税評価は同じとする）
- 従業員数：10名
- 出資50円当りの利益：11円
- 出資50円当りの純資産価額：242円
- 類似業種の株価：276円
- 類似業種の 1 株50円当りの利益：29円
- 類似業種の 1 株50円当りの純資産価額：233円
- Lの割合：0.6

※Lの割合：併用方式で評価する場合に（1）総資産価額および従業員数と（2）直前期末以前 1 年間の取引金額に応じて、次のように定められており、（1）と（2）の該当する割合のうち大きいほうの割合を使います。

①類似業種比準方式による計算
- 比準割合
  （11円／29円＋242円／233円）÷ 2 ＝0.70
- 1 株50円当りの比準価額
  276円×0.70×0.6（斟酌率）＝115.90
- 出資一口当りの比準価額
  115.90×10,000円／50円＝<u>23,180円</u>

②純資産価額方式による計算

　1億7,000万円／3500口＝48,571円

③出資一口当り評価額

　併用方式の計算式

　（類似業種比準方式による価額）×（L）＋（純資産価額方式による価額）×（1－L）

　この例の場合：23,180円×0.6＋48,571円×（1－0.6）＝33,336円

図表7－2　出資持分評価の例

貸借対照表

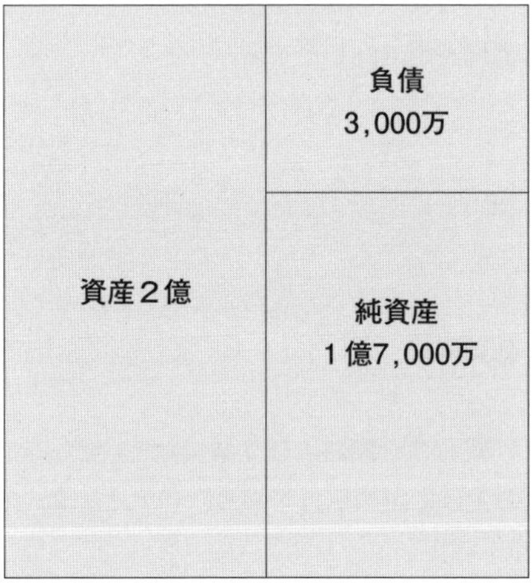

資産2億	負債 3,000万
	純資産 1億7,000万

```
<前提条件>
出資金額            3,500万円
                  （一口当り1万円）
                       （3,500口）
医業収益           1億4,000万円
課税所得金額           800万円
従業員数                10名
判定            中会社（L0.60）

出資持分の評価金額
                  11,667.6万円
          （一口当り   33,336円）
```

Column

退職金規程と退職金受領者

　医療法人が役員退職金を支払うためには、退職金規程を作成しておく必要があります。

　退職金は、その支給が義務づけられているわけではありません。たとえ支給する場合であっても、対象者や算定方法等は原則として自由に決めることができます。
　従業員の退職金については、就業規則に規定されていることが多いかと思いますが、役員の報酬については就業規則が関係なく、医療法により社員総会で決定されるため、退職金規程を作成していないと、長年勤め上げた役員の退職金が支給時の社員の考えで想定より低い退職金額になったり、場合によってはもらえなかったりすることもあり得ます。
　また、退職金規程がない状態で退職金等を支払っていると、明確な算定根拠がなく、退職金そのものが給与や報酬の後払いの性質も備えていることから、これだけもらえるはずだと請求の裁判になるなど、思わぬトラブルを生む可能性があります。特に死亡退職金の場合は、受給者についても社員総会で決定することが可能であるため、遺族と裁判になることもあり得るでしょう。
　税務調査で退職金支給額の算定根拠を聞かれることもあります。退職金規程に基づいて支給したことを説明できればいいのですが、その算定根拠がなかったばかりに余計な調査を招くことも……

　こうしたトラブルを避けるためにも退職金規程を作成し、役員の長年の功労に報いるための退職金を支給できる体制を整えておきましょう。

第8章
医療法人の相続対策

8-1 一人医師医療法人は、リタイアの時期と承継形態を決めておかないと相続で困ると聞きましたが？

[一人医師医療法人の事業承継]

孫　「おじいちゃん、今日、学校で「将来つきたい仕事について調べよう」という宿題が出たんだ。僕ね、大きくなったら、おじいちゃんみたいな町のお医者さんになりたいんだ。お仕事について教えてくれないかなあ」

院長　「そうなのか！　それはうれしいな。いくらでも話してあげるよ」

長男　「父さん、ここにいたんだ。こうき（孫）の宿題を手伝ってもらってくれてありがとう」

院長　「おいおい、こうきが医者になりたいというじゃないか。おまえに医者になる気がなかったから、喜寿近くまでがんばることになってしまったけど、いよいよリタイアのことを真剣に考えなければいけないな」

長男　「そうだよ。ちょうどいい機会だから聞くけど、後継者のことはどう考えているの？　こうきは、医者に興味をもっているみたいだけど、ちょっと前まで電車の運転手になりたがっていたくらいだから、後継者としてあてにするのは考えものだよ。業界は違うけど、僕のお客さんの社長も後継者難のようで、売却話なんかも出ているよ。医療法人にもM&Aの話があるみたいなんだけど、どうやら自分さえリタイアすればよいというものではないみたいなんだよ」

院長　「そうなのか？　リタイアして普通に解散すればいいと思っていたけど……」

昭和60年、医療法の一部改正により一人医師医療法人制度が創設されました。平成初期の第一次ブームにより医療法人を設立した院長先生も多いことでしょう。当時設立した医療法人の理事長（院長先生）や理事（院長夫人など）の年齢は、現在75歳前後と想定され、おそらくこの先それほど遅くない時期に退職を迎えることになります。

　また、現在開業医全体の4分の1が70歳以上と高齢化するなか、2割以上の開業医が後継者不在といわれており、毎年約4,000件の病医院が廃止・休止しています。

　しかし、医療法人の理事長の事業承継には、一般企業とは異なる高いハードルがあるといわれています。昨今、特に病医院の後継者問題は深刻です。職員のこと、患者のこと、家族のこと、リタイア後の自分のことを考えて決断できず、つい先送りにしているケースが多く見受けられます。

　相続や承継について、他人に話すことは家の恥と考えていたり、プライドがあるために、だれにも相談できずに悩みを抱えていたりする先生は大勢いらっしゃいます。不測の事態が起きて突然体調を崩され診察が困難となり、急きょ後継者を探すご家族もいます。たとえご子息が医師であっても、病院勤務をしていたり、専門とする診療科が異なっていたりと、スムーズに後継できることは多くはありません。

　こうした課題を先送りにして、仮にハッピーリタイアを迎えたとしても、医療法人は多額の利益の積立を抱えたままになります。生命保険などを活用した毎年の節税対策はそれなりにされているかと思いますが、持分の評価減や移転など法人税・相続税の対策が不十分であるために、将来的にご家族が支払う相続税が思わぬ高負担になっているケースが散見されます。

　このように遺されたご家族、患者さん、従業員さんが困らないように早い段階からリタイアの時期・承継の形態を決めることは経営上重要なポイントになります。そしてリタイアまでのタイムスケジュールを作成し、家族と意思の疎通を図って全体像を共有しておくことが肝心です。

　まずは、院長自身がリタイアするにあたって、医療法人を「解散」してリタイアするのか、「承継」してリタイアするのかを決める必要があります。なぜなら承継する場合、「医師である人（ヒト）」がいなければ始まらないからで

す。「承継」すると決めた場合は、持分なし医療法人への移行の是非を含めて、いま、どのような相続対策をとっていくべきか、そのつど、複雑な法律と照らし合わせながら適切な判断をしていかなければなりません。こうした準備がないと、前述のように多額の税金を納付することにもなりかねません。

また、「解散」あるいは「承継」にかかわらず、リタイアする時にこれまで積み上げてきた医療法人の利益を、税法上どのような受取り方をするのが有利なのか、退職金はより多く支給してほしいが、その一方で相続財産が増加してしまうといった、新たな課題にも対応していかなければなりません。

そのためにも、院長のリタイアの時期と承継形態の決定は先送りせず、数値化によってポイントを具体化してみることが大切です。出資持分の評価（本編7章Column出資持分評価の具体例）と、相続税の試算をすることが相続・事業承継対策の具体的スタートとなります。

8-2
新制度の医療法人にしたほうが有利かどうかは、どこで判断するのですか？
［医療法人化の判断基準］

妻　　「先日のパーティーで、仲のいい奥さまから聞いたんだけど、医療法人にすると相続対策になるんですって」

院長　「医療法人化かあ。医療法人の設立がブームになった時は、開業したばかりでそんなことを考える余裕もなかったからなあ」

妻　　「あの頃に比べると、業績もやっと安定してきたし、子どもも医学部を無事卒業したから、クリニックの今後を一度見直したほうがいい時期かもしれないわね」

院長　「そうだね。子どもたちにクリニックを遺してあげたいから、相続対策はいつか、ちゃんと考えないといけないとは思っていたけど、忙しくて後回しにしてきたもんな」

妻　　「そうよ。でも、相続対策で医療法人にする話をよく聞くけど、デメリットはないのかしら？」

院長　「そうだよな、いいことだけじゃないだろうし、それにうちのクリニックにとって、医療法人化が有利かどうかもわからないしな」

妻　　「税理士さんに相談してみたほうがいいんじゃないかしら。きっと、医療法人化したほうがいいかどうかの判断基準があると思うわよ」

院長　「だんだん気になってきたよ」

平成19年4月以降、新制度（持分なし）医療法人のみ設立ができるようになりました。また、持分なし医療法人への移行を考えるうえでも、持分なし医療法人にどのような特徴があるのかを知っておくことは重要です。ここでは、持分なし医療法人化を検討する場合の判断基準をお話しします。ポイントは後継者の有無と所得基準の高低、そして相続財産が多いか少ないかを確認することです。それでは後継者が決まっている場合とそうでない場合の二つのパターンに分けて考えてみましょう。

1　後継者が決まっている場合

　後継者が決まっていることから、医療法人を設立したのちに解散するリスクは低いといえますので、毎年の節税効果が明らかなら、法人設立をおすすめします。

　この場合、役員報酬の支給により、個人へ所得を移転するか、法人の内部留保を厚くするかのバランスが非常に重要になってきます。なぜなら、役員報酬を多く取り過ぎると法人化による毎年の節税効果が薄れるためです。逆に法人に多くお金を遺し過ぎると、納める税金（法人税、所得税、住民税など）は少なくなりますが、個人として自由に使えるお金は減ります。

　新医療法人のメリットの一つは内部留保が相続税の対象とならないことです。このため、後継者に事業用の財産を遺す手段として有効となります。

2　後継者が決まっていないか、後継者がいない場合

　この場合でも、所得税の節税効果が相当見込める場合は、法人設立を検討します。ただし、内部留保が大きくならないよう、毎年の役員報酬を考え、役員退職金支払額の想定もしたほうがよいでしょう。

　もし理事長が死亡・要介護状態等で医師としての業務ができず、医療法人を解散しなければならない事態となった場合、持分なし医療法人では解散時に残った財産は国等のものとなります。そのため、退職金によって法人の内部留保分を個人に移転し、残余財産を限りなく小さくすることを考えます。

　ただし、その際には退職金のための現預金を確保し、法人の財産構成が不動産や医療機器といった換金性の低い固定資産に偏らないようにするほうがよい

でしょう。

　また、生命保険を活用することも有効な方法です。理事長に万一の事態があったときの解散時には退職金に充てる現金を生命保険金によって確保することができます。生命保険契約は財産評価する際に解約返戻金相当額で評価するため、財産を現預金によって保有するよりも評価が下がります。そのため、元気なうちに解散する場合には、生命保険契約を退職金としてもらい、万一の時には生命保険金として、退職金を上回る現金を手にすることが可能となります。

　ただし、最終期に退職金を支給したことで多額の損失を計上しても、解散する法人には、その損失を繰り越すことはできません。計画的に生命保険を活用し、保険料を支払った各期に経費とすることで、結果的に最終期に見込まれる損失を事前に分散させることが可能となります。

　なお、保険の種類によって、保険料が経費にできる割合は異なります。保険契約を結ぶ際には、支払う保険料のうち経費にできる割合はどのくらいなのかを確認することをおすすめします。

3　持分なし医療法人の注意点

　持分なし医療法人は相続税の負担や持分払戻請求の心配がないものの、気を付けておきたい点もあります。

①交際費の損金不算入

　資本金が1億円以下の法人は800万円までの交際費を損金（法人税法上の経費）にできますが、1億円超の法人は、交際費のうち飲食費の50％までしか、損金にすることができません。

　持分なし医療法人には、この資本金にあたる部分がありません。（基金は資本金とはみなされません。）そのため、下記算式にて、「みなし資本金」を算出し、1億円超かどうかを判定します。

　（期末総資産簿価－期末総負債簿価－当期利益）×60％

　つまり、持分なし医療法人では、ある一定規模まで利益が積み上がると、交際費を損金にできる部分が大幅に縮小してしまうということになります。

②寄付金の損金算入限度額

　法人が支出する寄付金は、税法上は一定の金額までしか損金にすることができません。その限度額の算出では、資本金に対応する部分と所得に対応する部分を合算します。たとえば、一般の寄付金は「資本金×0.25％＋所得金額×2.5％×1/4」が損金限度額とされています。

　ところが、持分なし医療法人は資本金がないので、資本金に対応する部分を算入できず、所得金額×2.5％×1/4までが損金とできる部分となります。①と違い、今度はみなし資本金を用いないことに注意が必要です。

③基金拠出型にした場合の相続税

　基金拠出型医療法人にした場合、その出資した基金額は相続税の対象となります。持分と違い、退社等することなく基金の返還請求をすることは可能ですが、利益積立金が基金の倍になっているなどの要件もあります。多額の基金を拠出した場合には、いつ返還するか、返還する資金はあるかなどの検討が必要となりますので、ご注意ください。

図表8-1　ドクターの状況と対策一覧

		持分あり医療法人	
		中小規模法人	大規模法人
後継者なし	所得・高	●法人化検討 →残余財産のコントロール要（超高所得の場合） ●保留 ●持分あり医療法人M&A	●持分評価減対策 ①類似業種比準評価 →資産・利益を減らす 　・退職金 　・役員賞与 　・生命保険　etc ②純資産評価 →資産評価を減らす 　・建物購入 　・退職金　etc	●持分なし医療法人、社会医療法人等への移行検討 ●認定医療法人制度の活用検討
後継者なし	所得・低	●現状維持 ●生前贈与		
後継者あり	所得・高／相続財産・多	●法人化検討 ●持分あり医療法人M&A	●持分なし医療法人への移行を検討 →認定医療法人制度の活用検討	
後継者あり	所得・低／相続財産・少	●現状維持 ●生前贈与	●持分評価減対策	

8 - 3
新制度の医療法人に移行する際、贈与税が課されることがあるのですか？

[新制度医療法人への移行]

院長の母　「よしおさん（院長）、前に話したように、お父さんが来年70歳になるので、法人の理事長をあなたに変更する予定なの。そろそろ準備をしておかないとね」

院長　「うちの法人も設立10周年だね。最近、医師会の理事会で聞いたんだけど、うちみたいな旧制度の医療法人に対して、国が新制度への移行をすすめているそうだよ。なんでも3年間の期間限定で、税金の優遇措置もあるらしいけど」

院長の母　「でも、新制度の医療法人になると、解散した時は財産が国のものになってしまうんでしょう。なんだか国が進めている方向性がよくわからないわね」

院長　「そうなんだ。医師会でも、早く移行したほうがいいと言う先生と、慎重に考えたほうがいいと言う先生がいて、正直どうすればよいかわからないんだ」

第五次医療法改正により、平成19年4月1日以降に社団医療法人の新規設立は持分なし医療法人のみとなりました。それ以前に設立された旧制度（持分あり）の医療法人は、当分の間存続する旨の経過措置をとられており、「経過措置型医療法人」と呼ばれることもあります。

　このような改正がなされたのは、旧制度（持分あり）の医療法人は退社時に持分の払戻請求ができ、解散時に残余財産が分配されるため、非営利性が低く、医療法人の公益性をより高めるためには、これらのことができない仕組みづくりが必要であったためです。

　また、新制度（持分なし）の医療法人になると、一切の剰余金の配当ができないというその性質上、基金拠出部分のみに相続税がかかるため、持分を相続した相続人による、納税のための払戻請求リスクを取り除くことができ、医療法人の持続性も高めることができます。

　旧制度（持分あり）医療法人から新制度（持分なし）医療法人に移行することで、このリスクは減るのですが、移行する際には、それぞれの出資者が持分を放棄（払戻請求できる権利を放棄）しなければなりません。

　持分所有者それぞれが別々のタイミングで放棄をした場合、放棄をしていない人の持分の評価額が上がり、贈与とみなされて放棄をしていない人に贈与税がかかってしまいます。

　そうなると持分所有者全員が同じタイミングで放棄をすればよい気がしますが、そうはいきません。その医療法人が一定の条件を満たしていない場合（いわゆる同族会社のような状態の場合）、この放棄は将来の相続税を不当に減少させたとみなされ、医療法人に贈与税が課されることになるのです。

　この一定の条件については、次頁資料（図表8-2）のとおりです。特に、①医療計画記載医療機関であること、②役員の同族関係者割合は3分の1以下であること、をクリアするのは難しく、これをクリアできても、③法人関係者に特別の利益を与えないこと、については税務当局の判断に委ねられるため、確実ではないのです。

図表8-2　持分あり医療法人から持分なし医療法人への移行に関する税制について
　　　　（贈与税非課税基準について）

持分あり医療法人から持分なし医療法人への移行に関する税制について
（贈与税非課税基準について）

◎相続税法施行令第33条第3項に基づき、以下の基準に該当する場合には、<u>贈与税は非課税</u>。（なお、税務当局の個別判断により課税される場合がある。）

① 運営組織が適正であること（医療法施行規則第30条の35の2第1項第2号の規定による）
  ・社会保険診療（租税特別措置法第26条第2項に定める給付、医療、介護、助産、サービス）、健診、助産に係る収入金額が全収入金額の80％超
  ・自費患者に対する請求金額が社会保険診療報酬と同一基準
  ・医業収入が医業費用の150％以内
  ・役員、評議員に対する報酬等が不当に高額にならないような支給基準を規定
  ・病院、診療所の名称が医療連携体制を担うものとして医療計画に記載
　　※医療法第30条の4第2項第4号、第5号：がん、脳卒中、急性心筋梗塞、糖尿病、精神疾患、救急医療、災害医療、へき地医療、周産期医療、小児医療（小児救急医療を含む。）、都道府県知事が特に必要と認める医療
② <u>役員等（社員は含まない）</u>のうち親族・特殊の関係がある者は1/3以下であること（定款、寄付行為にその旨の定めがあること）
③ 法人関係者に対し、特別の利益を与えないこと
④ 残余財産を国、地方公共体、公益社団・財団法人その他の公益を目的とする事業を行う法人（持分の定めのないもの）に帰属させること（定款、寄付行為にその旨の定めがあること）
⑤ 法令に違反する事実、帳簿書類の隠ぺい等の事実その他公益に反する事実がないこと
　※このほか、理事・監事・評議員の定款や選任、理事会・社員総会・評議会の運営に関する要件がある。

（出所）　厚生労働省「「持分なし医療法人」への移行に関する手引書」

なお、平成26年施行の第六次医療法改正により、厚生労働省の運営状況等の認定を受けた医療法人（認定医療法人）については、持分放棄に伴いほかの持分所有者に課される贈与税と、持分相続時の相続税が、さらに平成29年施行の第七次医療法改正により、持分を全員放棄した場合の医療法人にかかる贈与税が、猶予・免除されるようになりました。（詳細は本編8－4参照）

参考までに、旧制度（持分あり）の医療法人から新制度（持分なし）の医療法人に移行した場合の贈与税の計算は以下のとおりとなります。

贈与税の計算例

贈与をした者（おのおの）から法人が財産を取得したものとみなし、算出した贈与税の合計額が医療法人の納付すべき贈与税額となります。

＜前提＞
- 相続税評価額によって計算した出資持分総額：1億円
- 出資者：A（9,000万円）とB（1,000万円）の2人

＜計算＞
- Aの放棄部分
 （9,000万円－110万円）×55%－400万円＝4,489万5,000円（イ）
- Bの放棄部分
 （1,000万円－110万円）×40%－125万円＝231万円（ロ）
- 納付すべき贈与税額
 （イ）＋（ロ）＝4,720万5,000円

このように、旧制度（持分あり）の医療法人が新制度（持分なし）の医療法人に移行する際には、贈与税の負担があるか否か、負担があるとすればいくらぐらいなのかを事前に確認しておいたほうがよいでしょう。

8-4

新制度の医療法人へ移行すれば、相続税の特例措置が受けられるのですか？

[認定医療法人の納税猶予・免除制度]

職員 「所長、先日ご指示があった医療法人の持分の評価額が計算できましたので、ご確認をお願いします」

税理士 「どれどれ、やっぱり2年前に評価した額から大幅に増加しているなぁ……」

職員 「年々、患者さんも増えていますし、利益も右肩上がりですからね。理事長はご高齢なのですが、理事長に万一のことがあった場合、後継者であるご子息は相続税の納税資金を確保できるのでしょうか？」

税理士 「うーん、詳しくは確認していないけど、相続税がこれほど多額になる見込みだと厳しいだろうな。ちょっと理事長に話してみるか」

・・・・・・・・・・・・・・・・・・

理事長 「急にどうしました？　何かご相談があるとか」

税理士 「だいぶクリニックの経営が順調のようですね」

理事長 「そうなんだよ。おかげさまで、口コミで患者さんが増えてくれているんだ」

税理士 「しかし、理事長、喜んでばかりはいられないのです。計算してみたところ、持分の評価額がかなり増加していますから、理事長が万一の時の相続税の支払いをどうするか考えないといけなくなりそうです」

理事長 「認定医療法人という制度を使えば、相続税が猶予されると聞いたんだけど……」

旧制度（持分あり）の医療法人の課題は、利益が蓄積されることにより持分評価が増え、出資者が死亡すると相続人が多額の相続税を負担しなければならない可能性があることです。
　また、出資者が退社し、出資の払戻しを請求した場合、払込出資額だけでなく、蓄積された利益分も払戻しの対象となり、法人の経営基盤を揺るがす事態に発展するリスクもはらんでいます。
　このような旧制度の医療法人が、安定的な医業経営を目指して新制度の医療法人に移行することを促進するために、税制改正において「医業継続に係る相続税・贈与税の納税猶予」の制度が創設され、平成26年10月1日より施行され、平成29年10月1日には3年間の期間延長もされています。
　この制度は、大きく分けると「相続税の納税猶予・免除制度」と「贈与税の納税猶予・免除制度」の二つに区分されます。

1　相続税の納税猶予・免除制度

　相続人が持分のある社団医療法人（旧制度の医療法人）の持分を相続または遺贈により取得した場合に、その法人が、新たに法定される「厚生労働省より移行計画の認定を受けた医療法人」（以下、「認定医療法人」という）である場合は、移行計画の期間満了まで相続税の納税を猶予し、持分を放棄した場合には、猶予税額を免除するというものです。
　なお、移行計画の認定制度の期間は、平成29年10月1日（認定制度施行日）から3年経過日まで（平成32年（2020年）9月30日）となっており、相続税の納税猶予の適用を受けるためには、相続税の期限内申告書の提出期限までに認定医療法人となる必要があります。

2　贈与税の納税猶予・免除制度

　出資者が持分を放棄したことにより、ほかの出資者の持分が増加することがあります。この場合、ほかの出資者が贈与を受けたものとみなされて、贈与税が課税されることがあります。この場合にも、その法人が認定医療法人であるときは、移行計画の期間満了まで贈与税の納税が猶予され、持分を放棄した場合には、猶予税額を免除されます。この贈与税の納税猶予・免除制度は、認定

図表8-3 認定制度の流れ

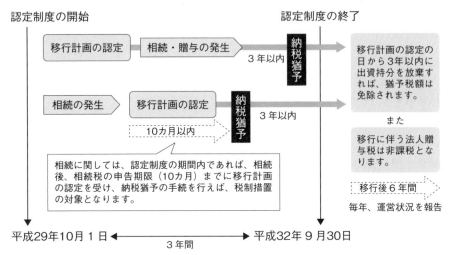

(出所) 厚生労働省「「持分なし医療法人」の移行促進策(延長・拡充)のご案内」

日以後でなければ適用を受けられません。

持分なし医療法人への移行を考える場合の注意点については本編8-2を参照してください。

3 認定の要件

平成29年10月1日に制度が延長されるとともに、認定の要件も変更となっています(図表8-4)。

平成26年にこの制度が始まった際は、役員のうち親族・特殊の関係にある者が3分の1以下であることや、都道府県の指定する5疾病5事業を担う医療機関であることなど、中小の医療法人には厳しい要件が課されていましたが、平成29年10月からはこれらの要件がなくなり、中小の医療法人も利用しやすい制度に拡充されました。

そのかわり、公益性の高く、医療の透明性の確保がされている医療法人のみがこの制度を使えるようにも要件が変更されているので注意が必要です。

運営に関する要件は、認定を受ける際に満たされているだけではなく、持分

なし医療法人に移行から6年後まで満たしていなければなりません。

　認定を受ける際に特に注意が必要なものが、遊休財産の保有制限です。テナント開業や医療機器が少なく人件費も抑えめの医療法人の場合、事業費そのものが少額であり、資産の大半を現預金が占めていることも多いかと思います。
　現預金は事業以外にも使うことができる財産として「遊休財産」の扱いとなるため、この「遊休財産＜年間の事業費用」の要件をなかなかクリアすることができません。
　また、そのほかの要件についても移行後6年間の維持を求められています。認定を考えられる際は、MS法人も含め、長期にわたる経営計画を慎重に検討することも重要なポイントとなるでしょう。

図表8－4　認定の主な要件

①移行計画が社員総会において議決されたものであること
②出資者等の十分な理解と検討のもとに移行計画が作成され、持分の放棄の見込みが確実と判断されること等、移行計画の有効性及び適切性に疑義がないこと
③移行計画に記載された移行期限が3年を超えないものであること
④運営に関する要件（※）を満たすこと

（※）運営に関する要件

運営方法	①法人の関係者に対し、特別の利益を与えないこと
	②役員に対する報酬等が不当に高額にならないような支給基準を定めていること
	③株式会社等に対し、特別の利益を与えないこと
	④遊休財産額は事業にかかる費用の額を超えないこと
	⑤法令に違反する事実、帳簿書類の隠ぺい等の事実その他公益に反する事実がないこと
事業状況	①社会保険診療等（介護・助産・予防接種含む）にかかる収入金額が全収入金額の80％を超えること
	②自費患者に対し請求する金額が、社会保険診療報酬と同一の基準によること
	③医業収入が医業費用の150％以内であること

（出所）　厚生労働省「「持分なし医療法人」の移行促進策（延長・拡充）のご案内」

第 9 章

医療機関の事業承継・M&A

9-1
後継者がいない場合、どうしたらいいですか？
［医療機関のM&Aの基本］

（同窓会にて……）

A院長　「久しぶり、元気にしてたか？」

B理事長　「おお、元気だよ。おまえ、全然、変わらないなあ。そういえば、前に医療法人化するか迷っていたが、その後どうしたんだい？」

A院長　「そうそう、あのとき迷っていたが、子どもが医学部へ行かないと言うから、法人化にする意味がないと思って、結局、個人のままクリニックを続けているよ」

B理事長　「うちは医療法人にして20年、患者さんも増えて順調なんだが、医者になった息子が研究したいと言って、医療法人を継ぐ気がないんだよ。年もとってきたし、そろそろ引退も考えているが、医療法人をどうしたらいいかと考えているところなんだ」

A院長　「医療法人は第三者に引き継いだりすることができるんだよな。俺も元気なうちに引退して、セカンドライフを楽しみたいと思っているが、個人のクリニックはやめるときどうしたらいいんだろう？第三者に引き継げるのかなあ？」

B理事長　「前に、第三者に引き継げるが、法人と個人は引き継ぎ方がまったく違うと、どこかで聞いたことがあるよ。でも、だれに聞いたらいいんだろう。今度、税理士に会ったときに、一度聞いてみようかな」

後継者がいない場合、これまでは院長先生の引退とともにクリニックを閉めるケースがほとんどでしたが、最近は第三者に承継するM&Aという選択肢をとる人が増えてきました。M&Aとは英語の「mergers and acquisitions」の略で、日本語では「合併と買収」を意味します。

　譲る側のメリットとしては、①患者さんを託すことができる、②現職員を託すことができる、③取引業者先を引き継ぐことができる、④営業権を評価できる場合もあり退職金とともにまとまったお金が入る、⑤ゆとりある第二の人生が送れるなどがあげられます。

1　M&Aのメリット

　譲り受ける側にとっての最大のメリットは、何といっても「時間をお金で買う」ことでしょう。病院勤務を希望する医師が増加する傾向にある一方で、勤務医のハードな仕事、ポストの減少、訴訟リスクがあることなどから、勤務医、特に外科医の方が外科以外での開業を希望するケースも増えてきています。

　しかし新規開業をしても、経営を軌道に乗せることは容易でないことが予想されます。また、医療法人での経営を考えている場合は、新規設立の医療法人による診療所の新規開設は許認可を受けることがむずかしく、当初数年は個人で開業し、実績を積んでから医療法人化することが多いです。

　その点、承継開業には、個人法人問わず、①低コストでの開業が可能、②金融機関の融資を受けやすい、③医師会入会がスムーズ、④開業準備期間が短縮される、などのメリットがあります。また、承継後においても、①患者さんを引き継ぐことができる、②職員を引き継ぐことができる、③すでに地域で認知されている、④法人の場合、税法上の繰越欠損を引き継げる、⑤持分あり医療法人の場合、交際費の損金算入額が多い、などの利点を享受できます。

　ご参考までに、図表9-1のとおり新規開業と承継開業を比較してみました。

　このようなことから、今後ますます「M&A」という開業形態が増えることは間違いありません。承継開業は患者さんの不便を避け、地域医療サービスの安定供給に大いに貢献することになるでしょう。

図表9-1　新規開業と承継開業の比較〈例〉

	新規開業	承継開業
投資額　　　　　　　※1	9,100万円	6,000万円
資金調達（銀行借入）	5,500万円	3,400万円
資金調達（リース調達）	2,000万円	1,500万円
外来患者数／日（3カ月後）	26名	35名
外来患者数／日（6カ月後）	35名	45名
医業収入／月（3カ月後）	354万円	472万円
医業収入／月（6カ月後）	419万円	596万円

※1　投資額は主に建築費、土地資金、医療機器、創業費の合計

2　M&Aの形態

　医療機関のM&Aは、主に①事業譲渡、②医療法人の出資の譲渡（役員変更）、③合併の3形態に分類できます。

①事業譲渡

　個人医院の場合は一般的に事業譲渡の方法がとられます。医療法では、事業譲渡の概念を想定していませんので新規開業ということになりますが、現実的には、土地・建物・医療機器を売却または賃貸し、スタッフや患者さんも引き継ぐことから、実質的には事業譲渡ということになります。

②医療法人の出資譲渡（役員変更）

　旧制度の医療法人の場合は出資持分を他人に譲渡し、現理事長と新理事長が交代をします。買い手側は新規開業の時間的負担が少なく、理事長・院長の交代に関する手続で済むことも多いため、医療法人のM&Aによく使われるスキームです。前理事長の退社により出資持分を払い戻すケースは少なく、退職金を設定し、出資持分の評価を引き下げて譲渡を行うことが税負担の観点からは有効です。前理事長の個人所有の土地建物を医療法人に貸し付けていた場合は、承継法人に継続して賃貸するのか、承継前あるいは承継後に医療法人に譲渡するのかを検討することになります。

③合　併

　合併とは2以上の医療法人が結合して一つの法人に移行することです。合併

には新設合併（2以上の法人が新たに法人をつくる）と、吸収合併（買い手側法人は存続する）がありますが、後継者のいない医療法人が合併を考える場合、多くは吸収合併により行われます。以前は社団同士、財団同士しか認められていませんでしたが、平成28年9月より、これら以外の場合も認められるようになりました。残余財産は国等に帰属せず、出資者の出資割合に応じたままそれぞれの出資者が引き継ぐことになります。

　合併の効果としては、清算手続を行うことなく法律的に財産を合併して存続する医療法人または新設する医療法人に移転させることができるため、経営の合理化・資金の集積という点があげられます。

　持分あり法人同士の吸収合併以外のすべての合併において、合併後の法人は持分なし医療法人となります。

　M&Aの形態選択については、病医院における個別の事情、当事者間の利害関係を十分に調整しながら、意志決定していくというプロセスが望ましいでしょう。

3　M&Aのポイント

①専門家に依頼すること

　M&Aを進めるうえで、大事なポイントは「医業」に強い専門家に依頼することです。医業は他業種と比べ医療法等による法の制限も多く、専門知識が不十分であるとM&Aが認められないこともあります。また、相手の方が医業のM&Aの専門知識がある場合には、交渉の際大きなハンデともなります。

②専門家には、早い段階で依頼すること

　専門家には、早期に依頼することも重要です。売る側・買う側、どちらになるとしても、M&Aは退職金や持分買取・返還など、資金調達、キャッシュフローが問題になるシーンが多くあるため、早期の段階で専門家を交えた金融機関との打合せが必要にもなります。それに、早期から譲る側、譲られる側双方の代理人同士でコンセンサスを得て進めていくことが、実はいちばん低コストで安全確実であるといえます。

③労務関係

　もう一つ重要なことは、労務の諸手続です。承継時の労働保険や社会保険のさまざまな手続は非常に複雑です。しかし、この時期に院長先生が貴重な時間を慣れない労務諸手続に使うのは惜しいことです。社会保険労務士に、労働基準監督署、ハローワーク、年金事務所等の手続をまとめてお願いしましょう。

　また承継時、特に従業員を引き継ぐうえでの就業規則、給与規定などの見直しは、法律上問題がないか確認しながら慎重に進める必要があります。社会保険労務士に適切なアドバイスを受けるとよいでしょう。

　M&A手法は、当事者双方にとって利益をもたらすべき重要な経済行為です。実務的にいえば、そのことを実現するための法律行為、契約行為ということになります。体系立った利害調整のなかで最も大切なことは、"部分最適"であってはならないということです。売り手買い手双方にとって、"全体最適"であることが目指すべきゴールでしょう。

　税務会計に精通した会計事務所がそのコーディネーター役を担い、そのプロセスのなかで必要に応じて専門家の知見を取り入れ、適宜判断していくような流れをつくることが理想です。

9-2
クリニックのM&Aの流れと注意点を教えてください
［M&Aの流れと注意点］

税理士 「このたびはどうもご紹介にあずかりまして、よろしくお願いします」

院長 「こちらこそよろしくお願いしますね。医療法人を手放す決心をしたはいいものの、どこにお願いしていいかわからず困っていたんです。FAXで仲介業者の案内が送られてきたこともあったけど、報酬もすごく高そうだし……。大学の同窓会で、ちょうど似たような経験がある友人に相談してみたら、あなたのお話をうかがったんです。話から信頼できそうな方だなと思い、あなたにお願いしようかと」

税理士 「なるほど。そうだったんですね。私はいくつか医療機関のM&Aをお手伝いさせていただいた経験がありますので、お任せください」

院長 「それを聞いて安心しました。地域の患者さんや、これまで一緒にがんばってくれたスタッフのことを考えると、良い承継先にめぐりあいたい、というのが一番の想いです」

税理士 「先生が、今日まで地域密着で築き上げてこられたクリニックなのですね。そのお気持ちはよくわかります」

院長 「それに、うちの医療法人の信頼や実績をきちんと評価してもらえるものなのか。そもそも買い手はどうやって見つけるのか、どうのように話が進むのかというところも気になるのですが……」

親子承継がうまくいかなくなる多くの理由は、情実に翻弄されてあるべき決着がつけられないためです。金銭的な面のみならず、親子間のもたれ合いなど、後々まで、依存関係から脱却できないというリスクを抱え込んでしまうことが多々あります。

　その点M&Aは、主に適正価格に基づいた金銭で解決できるので理にかなった行為だといえます。医療法人のM&Aは、一般的に①秘密保持契約、②マッチング、③基本合意契約、④出資持分譲渡契約の流れで行われます（図表9－2参照）。このなかでいちばん時間がかかるのは、何といっても譲る側である院長がM&Aを決断してからマッチングまでの期間です。

　そしていちばん神経を使うのは秘密保持です。うわさが流れると従業員への誤解を生み、患者さんへ不安を与えるなどの悪影響が生じることを念頭に置かなければなりません。

1　買い手側の目的

　クリニックのM&Aには、個人間、法人間、個人法人間のM&Aがあり、それぞれ買い手側の特徴（目的）は違います。

　個人間の場合、買い手側は新規開業したいというケースです。一方、法人間の場合には、買い手側が譲渡側を吸収合併し、主に法人の事業拡大（分院設立や病床増）をするケースがみられます。個人が法人へ譲渡する場合も、法人間と同じですが、法人が個人へ譲渡する場合は、買い手側の個人がすでに開業しており、法人化をするのに持分あり医療法人に魅力を感じている場合や、分院を設立したい場合、新規開業の場合は、医療法人として開業したい場合も考えられます。

　買い手探しは会計事務所、銀行金融機関、仲介業者を通じて行われることが多いのですが、金額的な条件が折り合わず最終の契約に至るまで数年かかってしまう例もあります。M&Aは売り手と買い手の双方に利益がないと成立しません。この取引自体が純然たる第三者間での譲渡ですから、「売り手は高く売りたい、買い手は安く買いたい」、という利害の一致点である市場価格が譲渡価格となります。

　自分のクリニックはどのような買い手がつくのかを知り、「セールスポイン

図表9−2　M&Aの手順

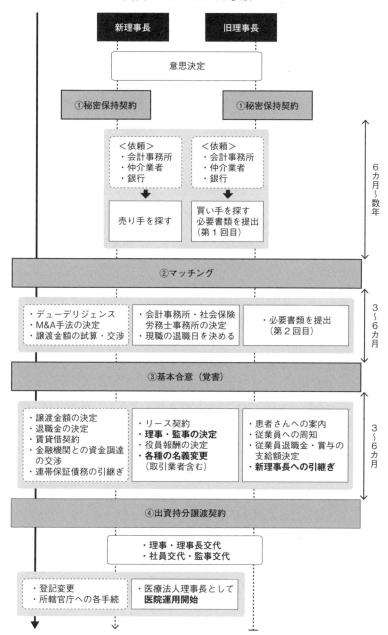

ト」を見つけておくことも、スムーズなM&Aを行うには重要です。

2　譲渡価格の決め方と営業権の価額

　譲る側が受け取れる金銭評価、つまり譲渡価格の決め方についての具体的な例をご説明します。

　譲渡価格とは、貸借対照表で表した場合、下図の太字部分を指します。資産のなかに建物がある場合、売る前に耐震補強をしておくことで、買い手もつきやすくなります。

図表9－3　貸借対照表における譲渡価格

資産の評価額	負債の評価額
営業権	**譲渡価格**

　新規開業して、一から地元患者の信頼を得るためには、多くの時間とコストと努力が必要です。一方、開業してから年数がたっているクリニックは、知名度もあり、かかりつけ医にしてくれる患者も多くいます。このようなクリニックを引き継ぐことができれば、時間やコストや失敗のリスクを大幅に軽減できるメリットがあります。評判がいいクリニックであれば、なおさらのことでしょう。このメリットを金銭的価値に置き換えて評価したものが「営業権（のれん）」というものです。

　ただし、不動産のように公的な尺度があるわけではないため、営業権を妥当な金銭的価値に置き換えることは容易ではありません。「営業権」という言葉をどこかで聞いて、何の根拠もない数字を提示すれば、買い手はその金額に納得せず、トラブルになるのは必至です。

　かといって、十分に実績のあるクリニックの場合、営業権の価値を売らないのはもったいないことです。トラブルを避ける意味からもクリニックの特性（知名度、患者の数や内容など）を見極め、営業権の価値を算定してくれる専門家に依頼しましょう。

営業権の価格の算出基準には以下のような方法があります。ただし、ここにあげるのはあくまでも一例にすぎません。
①診療報酬基準…診療報酬の6カ月分
②キャッシュフロー基準…（税引後当期利益＋減価償却費）×3年分
③純資産基準…資産の時価－負債の金額

3　従業員の継続雇用

　売却する場合、いままでクリニックのために働いてくれた従業員をどうするのかも争点になります。院長にしてみれば、貢献してくれた従業員を見放すことはなかなかできないものです。買う側にとっても、患者さんとなじみの従業員がいなくなることは、デメリットになりかねません。個人の場合、専従者の継続雇用はさすがにむずかしいとしても、いまいる従業員を継続雇用しよう、という話になるのは自然なことです。

　個人クリニックや法人の合併、事業譲渡の場合は事業主が交代しますので、継続雇用する場合でも形式上、全従業員が旧クリニックをいったん退職し、新たな院長が新規採用するかたちになります。この場合、新クリニックは前院長とはまったく違う雇用契約をとることができます。たとえば、全員新規採用となることから、給与の基本額を新規採用者のものにしてしまうこともできます。

　しかし、現実問題そんなことをすると離職してしまう従業員も出てきます。従業員を不安定にしないためには、いままでの条件を確認し、既存の雇用契約書や就業規則をベースに、変える点、変えない点をすり合わせたほうがよいでしょう。

　また、雇う側と従業員との相性もありますので、承継がおおむね決定したら、従業員と新院長が面談してヒアリングも含めた話し合いをしておく必要があります。

　なお、事業主が変わる場合、従業員は旧クリニックを退職することとなりますが、その際に、退職金を支払うか支払わないかも問題になります。中小企業退職金共済制度（中退共）を利用していた場合、新たな事業所でも中退共に加入し、従業員が前の事業所から退職金を受け取らなければ、従業員は勤務期間

を通算することができます。中退共は勤務期間が長いほど運用利息が付いて退職金額が増加するため、引き継いだクリニックが中退共に加入することを了承すれば、従業員にとって気持ちよく働ける一因となるでしょう。

　中退共に加入していない場合、旧クリニックの院長の選択肢は、「実際に退職金を支払う」か、それとも「将来の退職金支払いを債務として、クリニックの売買代金から差し引く」かの二択になります。債務とする場合には、退職給与引当金が計上してあればその額とすればよいのですが、そうでない場合には、現時点での退職金相当額はいくらなのかについて、退職金規定から算定するなど明確な根拠が必要になってきます。

4　承継前後にわたり治療している患者からのクレーム

　承継前の患者から、承継後にクレームを受けることも考えられます。もし、そのクレームが損害賠償といったことに発展した場合、どちらがどこまで責任をとるかで争いが起きる可能性があります。

　特に、医療法人の役員交代の場合は注意が必要です。医療法の改正により、役員の損害賠償責任および免責とならない部分が定められましたので、過去の責任を現役員が負わなくてはならないことも考えられます。

　そのため、承継前の患者からのクレームがあった場合の処理については、契約の段階である程度取決めをしておくことも必要です。また、事業譲渡の場合、患者に断わることなくカルテを引き継ぐことは、個人情報保護法に抵触する行為ではありませんが、継続治療しない患者からクレームが出ないとも限らないので、カルテの引継ぎについて、患者にどう周知徹底するのか、また拒否した患者へどう対応するのかについても取り決めておくことが大切です。

5　M&Aに必要な書類

　医療機関のM&Aは、税務会計・労務・医療法に関して多くの手続や届出、申請があるため、必要な書類も多岐にわたります。

　特に医療法人はM&Aに伴い、都道府県への申請や届出、登記も発生します。そのため、平成19年や平成28年の医療法改正時に定款変更をしているか否か、保管している定款は最新のものであるかの確認が必要です。

図表9－4　クリニックM&Aのための必要書類チェックリスト

	項目	個人医院	医療法人
1	定款		○
2	登記簿謄本		○
3	開設届	○	○
4	施設案内、主要パンフレット等	○	○
5	医療法人設立時の申請書類一式		○
6	社員総会議事録（ともに最近3期分）		○
7	決算書（最近3期分）（勘定科目内訳含む）	○	○
8	税務申告書（最近3期分）	○	○
9	総勘定元帳	○	○
10	患者数推移（過去3年）	○	○
11	組織図　従業員名簿	○	○
12	院内諸規定（就業規則・給与規定など）	○	○
18	訴訟の有無、あればその要約	○	○
19	不動産一覧（所在地、面積、簿価）	○	○
20	担保差入資産一覧	○	○
21	保証債務一覧表	○	○
22	看板設置場所の地図と契約書	○	○
23	リース契約書	○	○
24	銀行借入の金銭消費貸借契約書	○	○

9-3
個人医院ですが、身内に後継者がいなくて困っています
［個人医院のM&A］

三男　「父さん、ついに司法試験に受かったよ。いままで心配かけて悪かったね。ただ、僕まで医者にならなかったので申し訳なくて……」

院長　「何を言うんだ。けんご（長男）も、いさむ（次男）も、とおる（三男）も、それぞれ自分の道を自分で見つけて、夢を実現させたんだから、たいしたものだ。父さんはうれしいよ。父さんもおじいさんの会社を継がなかったし、おまえたちも進みたい道を進めばいいんだよ」

三男　「でも、父さんにもしものことがあったら、クリニックどうするつもり？」

院長　「そうなんだよな。もともとこのクリニックは父さん一代限りのつもりで、法人化もしなかったんだ。でも、父さんが急死したら廃業手続などで、母さんやおまえたちに迷惑がかかるし、従業員やうちを頼みの綱にしてくださっている患者さんにも申し訳ないから、何か手を打たないといけないとは思っているよ」

三男　「そうだよね。患者さんも急に廃業したら困るだろうし、どうしたらいいのかなあ」

院長　「だれかにクリニックを継いでもらうにしても、トラブルになるのも不安だしな……」

クリニックの開業時は、経営を安定させることで頭がいっぱいで、自分に相続が発生した場合のことを想定することはまずなかったのではないでしょうか。特に法人化せず個人で続けられた方は、会話のように、自分一代限りとお思いの方が大半を占めていることと思われます。

しかしながら、後継者が見つからないまま院長先生が亡くなった場合、相続人が医業にかかわっていなかった場合は、何をどうしたらいいのかまったくわかりません。残務処理のために従業員に残ってもらうことも考えられますが、給与を支払う手立てや、退職金の用意もしなくてはならないかもしれません。

また、クリニック専用の建物がある場合は、他用途に転用して賃貸、売却するか、建物を取り壊すか、という検討も必要になってきますので、大変な手間暇を要することとなるでしょう。

そのうえ、クリニックは公益性が高いため、医療過疎の地域でのクリニックの廃業は、院長個人の問題だけでは済まなくなる場合もあります。

そういった諸事情により廃院できそうにない場合には、やはり生前にクリニックの後継者を見つけるしかありません。今日ではクリニックのM&Aを得意とする専門機関もありますので、そのようなところで相談をするのも一案です。

1 クリニックの財産の承継問題

後継者が決まり、生前に院長を交代することが可能となった場合には、クリニックの財産をどうするかについてが問題となります。その際には下記の方法が考えられます。

①後継者とクリニックの財産についての賃貸借契約を交わす

賃貸借契約であるため、クリニックの財産は自分の手元に残り、賃貸料が入ります。なお、賃貸物件は相続されることから、賃貸料は相続人の賃貸料収入とすることが可能です。自宅兼クリニックといった建物になっている場合には、クリニック部分だけ賃貸すればよいので、自宅がなくなる心配もありません。

ただし、賃料の滞納や不払いなどのリスク、自宅兼クリニックの場合には同じ敷地を利用することによるトラブルも考えられるため、借り手の質を見極め

る必要があります。

②生前に売却する

　この場合の注意点は、院長を交代した後の自分の生活資金の確保です。クリニックの譲渡所得だけでは、その後の生活資金が確保できない場合が考えられます。

　そのような場合、売却相手のクリニックの勤務医となる方法があります。しかし、クリニックの経営権は当然に相手にあるため、給与や待遇などはいままでのようにはいきません。そのあたりをじっくり考える必要があります。

　また、土地建物が自宅兼用の場合、クリニック部分のみを売却すると、賃貸借の場合と同様、お互いに自由に使用収益ができずトラブルになりかねません。売却する際は、場合によっては自宅部分も含めすべて売却し、自分は転居する覚悟も必要となります。

　なお、不動産の譲渡は譲渡所得となり、税率が一定ですが、医療機器などの譲渡は「総合課税の譲渡」になり、累進課税となります。医療機器等を減価償却残高以上の価額で売買し利益を得る際には、思いのほか税率が高い場合もありますので、注意が必要です。

③生前は賃貸借契約を締結し、死亡後に売却する

　クリニックの土地建物は賃貸物件であることから、相続時に評価減が適用されるなどの相続税の節税効果が期待できます。

　また、生前は①の状態を保ち、死亡後にクリニックの財産を相続した相続人が売却すれば、その相続人は相続税額の取得費加算の特例を使うことができ、土地建物の売却に係る所得税を軽減することができます。

　ただし、売却ができるかどうかは、その時になってみないとわかりません。また、死亡したら売却するという契約（死亡を停止条件とした売買契約）を生前に締結することは、日本の風土になじまないことがあります。さらに、停止条件付賃貸借契約にすると、相続人が売却するかそのまま賃貸借契約を続けるかを自由に選択できなくなる、などの理由から、相続が発生した際の当事者同士の判断に任せるようにしたほうがいいという考え方もあります。

図表9－5　取得費に加算する相続税額の算式

$$\text{その他の相続税額} \times \frac{\text{その者の相続税の課税価格の計算の基礎とされたその譲渡した財産の価額}}{\text{その者の相続税の課税価格} + \text{その者の債務控除額}} = \text{取得費に加算する相続税額}$$

　なお、譲渡所得に係る相続税額の取得費加算の特例とは、相続により取得した土地、建物、株式などを、相続開始のあった日の翌日から相続税の申告期限の翌日以後3年を経過する日までに譲渡した場合に、自らが納めた相続税のうちその譲渡した財産相当額（上記算式によって計算された金額）を譲渡資産の「取得費」に加算することができるという特例です。

　譲渡所得の計算は、売却代金－（「取得費」＋譲渡費用）＝譲渡所得　で計算されるため、この特例を用いると譲渡所得を小さくし、その分所得税、住民税の納税負担も小さくすることができます。

2　個人の営業権の譲渡

　前段でもあったとおり、個人でも営業権の譲渡は可能です。ただし、所得税の考え方において、個人クリニックの営業権の譲渡は、譲渡所得にはならず、事業所得とみなすことが一般的です。医師や弁護士などは、一身専属的な職業（その人固有の能力に左右される仕事）であるため、その「能力」を売ることはできない、と考えられており、単に営業権のみを譲渡した場合は、クリニックの事業活動の一環で売上をあげた、とみなされるからです。

　持分譲渡の譲渡所得は、売買価格のいかんにかかわらず、税率が一定（所得税15％、住民税5％）ですが、事業所得の場合は「総合課税」ですので、最高で所得税55％、住民税10％の課税にもなります。

　不動産の売買は「譲渡所得」になるため、所有期間が5年以上であれば、持分と同じ税率となります。クリニックの財産を譲渡する場合には、場所や建物、機器が営業権の価値を作り上げたともいえますので、売却価額に営業権も織り込むことができる可能性がありますが、賃貸借の場合など、譲渡が発生しない場合には営業権譲渡にかかる税金にも注意してください。

9-4
医療法人のM&Aの具体的な流れを教えてください

[医療法人のM&A]

院長 「今日は、クリニックの後継ぎのことついて相談したいのですが……」
税理士 「経営も非常に安定していますし、どのようなことでしょうか？」
院長 「実は、息子がクリニックを継いでくれる予定で、医療法人化したんですが。その息子から、『大学から研究者として来ないかと誘われていて、その話を受けようと思っている。家を継がず、研究者になることを許してほしい』と。私も親ですし、『クリニックのことは何とかするから、好きな道へ進みなさい』と後押しをしたんです。そうは言ったものの、後継ぎもいないし、もう医療法人は解散しかないかと。でも、この地域に耳鼻科はうちのクリニックしかありませんし、患者さんがきっと困ってしまう……と悩んでいるんです」
税理士 「そうでしたか。先生のようなクリニックが、急になくなってしまうと、地域への影響が大きそうですね。ちなみに、M&Aという言葉をお聞きになったことはありますか？」
院長 「M&A？　普通の法人、それも大企業がやるイメージがありますが」
税理士 「かつてはそうでした。でも最近では中小企業や医療分野でも増えているんですよ」
院長 「そうなんですか。医業もM&Aができるんですね。患者さんが困るようなことはできる限り避けたいですし、M&Aは良い方法なのかもしれません。しかし、株式会社なら株式を買い占めて大株主になって、という程度の知識はありますが、医療法人は株があるわけではないですよね。どうやって進めるのでしょうか？」

医療法人のM&Aは、個人が承継する場合と法人が承継する場合で異なります。

個人が承継する場合には、単なる事業譲渡（医療法人は解散）の場合もあれば、役員交代（持分あり医療法人の場合は、持分譲渡も）の場合もあります。

法人が承継する場合は、事業譲渡か合併です。合併には新設合併と吸収合併がありますが、新設合併はお互いの法人は存続させたいがスケールメリットを得るために行うことが多いので、ご自身の引退を考えられていた方で合併をされる場合は、おおむね吸収合併となります。

ただ、法人同士の合併は、増加傾向にはあるものの、医療法上・税務上どちらも手間と時間がかかるため、小規模のクリニックを継続運営している場合には、個人が承継し、役員交代をするパターンが最も多くみられます。

1　承継の一般的な手順

個人が承継する場合の一般的な例をみてみましょう。

旧制度（持分あり）の医療法人の場合

①	承継の決定、価格の決定	
②	社員の退社、新社員の入社	定款次第で、新社員は持分を1口だけでももつ場合もある。＝この時点で持分譲渡、贈与もあり
③	役員交代	理事長、理事などを新体制にする
④	役員退職金の支給決議、支給	退職（理事長退任）しない限り決議できないので注意 規程の有無に注意
⑤	持分の移動	譲渡（場合によっては贈与）

譲る側の理事長は、医療法人がもっているすべての金融資産から、従業員の退職金の支給見込額を控除した残りの部分を自身の退職金とし、医療法人の資産の中味をいったんゼロに近い状態にします。生命保険契約や車両などは退職金の現物支給としてもよいでしょう。ただし、退職金が法人税法上の役員退職給与の適正額でない場合には、損金不算入となるため、繰越欠損の恩恵に授か

りたい承継者としては、その額が減少することになりますので、この点も事前に調整が必要です。また、退職金が不相当に高額な場合は、剰余金の配当とみなされる場合もあるので注意が必要です。その場合には、のちに退社した際に一部持分の払戻しをしてもらうなどの工夫も必要になります。

そして、自身の退職金が確保できるよう、事前に役員退職慰労金規程の整備を忘れずにしておきます。役員退職慰労金は、規定に基づき退職後の社員総会決議で決定することが基本となるからです。この退職金支給により、この退職の時点で医療法人の時価は設備や医療機器等を除いてゼロに近い状態になります。譲渡の際には、ここに営業権を加算するのが最も一般的な方法です。

持分の譲渡は、有価証券の譲渡となり、譲る側の先生の譲渡所得となります。

（譲渡価額）−（譲渡持分に応じた出資金額）＝ 譲渡所得

新制度（持分なし）の医療法人の場合

①	承継の決定、価格の決定	
②	基金返還の検討	基金がある場合、ここで返還を検討 定款の規定に注意
③	社員の退社、新社員の入社	
④	役員交代	理事長、理事などを新体制にする
⑤	新理事長より、医療法人へ基金拠出または資金貸付	
⑥	役員退職金の支給決議	退職しない限り決議できないので注意 規程の有無に注意

平成19年に新制度が始まり、まだ数は少ないものの、今後は増えてくるパターンです。持分なし医療法人の場合、当然に譲渡する「持分がない」ため、医療法人を通しての間接的な譲渡というかたちとなります。

まず、譲る側の理事長に基金の返還をします。基金の返還は基金の倍の純資産がある場合などに限られており、それについて通常は定款に規定されていますので、そのとおりに返還します。出資したものをそのまま返還してもらっているため、これについては所得税は課せられません。

その後、承継側が医療法人に基金拠出、または貸付をします。そのうち譲渡価額分を譲る側の役員の退職金の原資に足すことで、間接的に承継側から譲る側への資金移動が発生する仕組みです。

持分あり、なしにかかわらず、退職金の金額がカギとなるため、規程の整備、退職金額が不相当に高額にならない配慮など、事前準備が必要となることに留意して進めましょう。

2 医療法人のM&Aを進めるうえでの問題

医療法人のM&Aで、実際によくある問題をまとめてみました。

譲渡価額はもちろんのこと、土地建物に関すること、特に賃貸借の場合には、原契約がどうなっているのかなどでトラブルが起こりやすいので注意が必要です。医療法人という契約の主体が変わらないため、契約そのものを精査することなく話を進めてしまうと、のちに大きな問題に発展します。特に、事業用定期借地契約をしている場合など、契約期間の満了時には原則立退きをしなくてはなりませんので、M&Aの契約で特記事項として織り込むことにより、後で説明の有無などでトラブルになることは避けられます。

問題点	解決策
①持分の譲渡価額が折り合わない	①計算については専門家の算定を基準とする。専門家同士で話し合うほうがスムーズ
②医院の賃貸借について、修繕費の取決めがあいまいでもめている	②契約書について専門家のレビューを受ける
③承継後、院外処方に移行しようとしたが土地の売却について地主が合意しない	③事前に契約書に織り込めるものは表示する

第 10 章
MS法人の活用

10-1
MS法人には、どこまで業務を委託できるのですか？
［MS法人の業務範囲］

院長 「先輩、先日、私の顧問税理士さんがきて、昨年分の確定申告について報告をしていったのですが、私の所得税は最高税率が適用されて、利益の半分近く税金になってしまったんです。ひどいと思いませんか。何かいい税金対策をご存知ないですか？」

先輩 「それは豪快に税金を支払ったものだね。国家財政に寄与したんだから、大いに誇りなさいと言いたいところだが、ずいぶん手痛い経験をしたもんだね」

院長 「そうなんですよ。先輩のところも大変ご繁盛ですが税金対策はどうしているんですか」

先輩 「対策にもいろいろあるけど、僕はMS法人をつくったよ」

院長 「MS法人……、そういえば聞いたことありますね。でも、そもそもMS法人は何をする会社なんですか？」

先輩 「簡単にいうと医療以外だよ。いろいろあるだろ」

院長 「サッパリわかりません」

先輩 「説明するのめんどうだから、詳しくは税理士さんに聞いてよ。とにかく、うちは実質の税負担が減ったよ」

院長 「うーん……MS法人かあ、気になるなぁ」

MS法人（MSはメディカルサービス：Medical Serviceの略）とは、クリニックが本来行うべき医療行為とクリニック自体の経営を切り離して、クリニックの経営部門を担うことを目的として設立された法人です。
　これにより、クリニックが行わなくてはならない種々雑多な業務を効率化することが可能となります。
　MS法人の株主や役員には、クリニックの経営者の家族がなることが一般的ですが、医療法人の役員である場合には、医療法人と利害関係のあるMS法人の役員になれない場合もあります。
　MS法人は普通の法人（株式会社や合同会社など）であることから、医療法による規制を受けることがなく、クリニックの経営部門の業務に限らず、医療法人ではできないビジネスを行うことが可能となります。また、分院がある場合などに、仕入や在庫管理の集約や事務の集約などを目的に設立することもあります。
　では、MS法人へ委託する業務にはどのようなものがあるのか、いくつかご紹介しましょう。

(1) 請負業務
　クリニックにおいては欠かせない受付業務、保険請求事務、経理事務などの事務代行業務です。これらの業務は、どのクリニックにおいても必要不可欠であり、人材を必要とする業務ですので、最もMS法人へ移行しやすい業務であるということがいえます。
　なお、事務代行業務は、一見、人材派遣業と類似していますが、クリニックに人材を派遣し、院長先生の指示命令によって業務を行う派遣業とは違い、業務そのものを請け負い、MS法人の指示命令管理により業務を行うため、厚生労働大臣の許可が必要になることはありません。逆の見方をすれば、MS法人も厚生労働大臣の許可さえ受ければ、他のクリニックへの人材派遣を行うことが可能となります。
　また、病床を有するクリニックにおける給食業務の請負や、白衣・制服・シーツなどの洗濯を行うリネン業務をMS法人が請け負うことも可能となります。

(2) 物品の仕入販売業務

　請負業務と同じく、クリニックを経営していくうえで必要となる物品の販売業務もMS法人で行うことが可能です。たとえば、紙やボールペンなどの文房具・事務機器、クリニックの診療に直接必要なガーゼや注射針などの診療材料、待合室用の書籍類など一般雑貨消耗品の販売です。この場合は、まずMS法人においてクリニックで必要となる物品を一括して購入します。その後、在庫を抱えるリスクと仕入管理業務という付加価値を付けてクリニックへ販売するということになります。

(3) 不動産の賃貸業務

　医療法人では、医業目的以外の不動産の所有が原則認められないのですが、MS法人ではそのような規制はありません。そのため、MS法人で不動産を購入し、一部をクリニックに貸し付け、一部を調剤薬局などに貸し付けることが可能です。

　テナントビルの一室を賃借し、内装造作工事を行ったうえ、その工事分などを上乗せした賃料で、クリニックに貸し付けることも可能です。ただし、この場合には、転借することを賃貸人に承認してもらう必要があるので注意が必要です。

　さらに、社宅を医療法人で購入するのではなく、MS法人で購入することにより、社宅として利用していない部分についてはクリニックとは関係のない外部の者に貸し付けることも可能です。

　このように、MS法人には、医療機関で通常必要となる業務に限らず、医療機関ではできない業務を行わせることができ、幅広いビジネスを手がけることが可能となります。ここでは一部をご紹介するにとどめましたが、MS法人の業務分野はほかにもあります。ただし、そのなかには特別な許可が必要になるような業務もありますので、一度、税理士などの専門家に相談してみることをお勧めします。

10-2
MS法人設立の注意点を教えてください
［MS法人のメリットと注意点］

院長　「MS法人を設立すると節税になるということですが、先輩はいつMS法人を設立したのですか？」

先輩　「僕の場合は、所得金額が3,000万円を超えたあたりで、顧問の税理士から提案を受けてMS法人を設立したんだよ」

院長　「その3,000万円という金額には何か意味があるのですね」

先輩　「そうだよ。だって個人事業だと所得が高くなると税金も高くなるだろ。だから利益を法人に移したんだよ」

院長　「なるほど。早速僕もなるべく利益を移すようにしますよ」

先輩　「いいんだけど、ちゃんと税理士さんに相談したほうがいいと思うよ」

院長　「どうしてですか」

先輩　「単にMS法人を設立しただけだと、かえって逆効果になることもあるようだよ」

院長　「そうなんですか？　簡単じゃないんですね」

先輩　「当たり前だよ。それにMS法人のメリットだけに目を奪われているようだけど、注意しなければいけないこともあるからね」

院長　「それはどういうことですか？」

MS法人を設立することには、光と影の側面があります。一度設立してしまった法人を簡単にやめることはできません。ここでは、MS法人のメリットと注意点について、ご説明いたします。

1 MS法人のメリット

　MS法人の活用で得られる一番のメリットは、適用される税率の相違があります。個人事業の場合、所得税と住民税は超過累進税率であり、最高55％（平成27年以降）の税率が適用されます。一方、MS法人の場合には法人税であり、課税標準の多寡にかかわらず一定割合が税率となる比例税率が適用されます。したがって、個人事業の利益が大きくなりすぎた場合には、業務の一部を外部委託としてMS法人へ移行し、在庫などみえないリスクを減らし、経費化できない土地購入費を経費化することで、利益を圧縮し節税効果が期待できることになります。

　組織の面からのメリットとしては、家族がMS法人の代表者や役員になり経営者となることによって、個人事業における従業員としての青色専従者給与よりも、経営責任のある役員として高い役員報酬を支払うことができ、家族へ所得を分散することができます。これに付随して、もし、役員が退職した場合には、役員への退職金を支払うことも可能となります。

　そして、費用的な側面からとなりますが、現在、個人事業の形態でクリニックを経営されている方の大半は、万一のため、生命保険に加入していることと思います。生命保険料は事業とは直接関係がないため、基本的には経費と認められません。しかし、その生命保険料のうち、MS法人の役員分をMS法人で支払うことで、その一部または全部を経費とすることが可能ですし、退職金準備用のために加入してもよいでしょう。

　さらに、これから自宅を購入しようとお考えの場合には、MS法人で自宅を建設、または購入をして社宅とすることもできます。このとき、個人で購入した場合には住宅ローン控除を受けることもできますが、高額所得者はこの控除が受けられないのに対し、MS法人で購入した場合には、建物については減価償却費の計上、借入利息は費用として計上でき、さらに固定資産税も法人の経費として認められます。

2　MS法人設立の注意点

MS法人の設立にあたっては、いくつか注意してほしい点があります。

①法人なので、利益がなくても課税がある

　MS法人では利益に応じて法人税が課税されますが、たとえ利益が出ていないとしても、法人住民税の均等割額を毎年支払うことになります。

②登記費用や税務の委託費用

　法人の設立や、役員の変更などの法人の内容が変更となる場合には登記が必要となりますので、司法書士などに依頼する際の登記諸費用がかかります。また、会社が一つ増えることになるため、税務を委託している税理士への委託費用などがかかります。

③消費税課税事業者になる可能性

　個人事業のクリニックでは、収入の大半を保険診療が占めているため、消費税の免税事業者となっていますが、MS法人の売上は、地代など一部の非課税売上を除いてそのほとんどが消費税の課税対象となるため、ある一定の規模を超えると課税事業者となります。

④取引の合理性や妥当性

　クリニックとMS法人との間の取引の合理性や妥当性、さらには、実態がなく節税目的で設立された、いわゆるペーパーカンパニーとみなされてしまうと、取引そのものが税務上否認されるおそれがあります。たとえば、請負契約や不動産賃貸借契約で、世間一般の相場と比べて明らかに高額の契約であれば、租税回避行為とみなされかねません。最も税金が低くなる「計算上の取引金額」ではなく、実体に見合う金額での契約を締結しましょう。

⑤医療法人との関係における透明性の確保

　医療法人の役員などがMS法人を設立する場合には、さらに注意が必要です。第7次医療法改正により、医療の透明化を目的としたMS法人との取引情報の報告制度も始まっています。MS法人、特に法人役員の関係者が支配するMS法人に医療法人の利益を実質移転しているとみなされる行為は、剰余金の配当類似行為ともみなされるため、監視の目が強くなっています。

　取引の合理性と妥当性は、医療法上も税務上も重要なポイントとなることに

注意が必要です。
⑥MS法人の株価
　MS法人の株主に院長先生がなる場合、MS法人の株価にも注意が必要です。株価が高額になってから次世代に株を移転することになれば、高税率の贈与税や相続税がかかり、せっかくの所得税の減税効果を減少させることになります。
　MS法人の株主には当初から次世代がなるか、それがむずかしい場合には評価が高額にならないよう、毎年株価評価を簡便的にでも行っておいたほうがよいでしょう。

10-3
MS法人で不動産賃貸業をすると、税金面とポートフォリオがよくなるのですか？
[MS法人でポートフォリオを改善]

院長 「この前、開業医の先輩にMS法人をつくったほうがいいと言われたんだ」
妻 「そのMS法人というのをつくるとどんないいことがあるの」
院長 「節税になるらしい。それに相続対策にもいいとか」
妻 「そうなの？」
院長 「うん、ここのところ順調に患者さんが増えて、経営がよくなってきたじゃないか。利益も出て、それ自体はいいことなんだけど、税金も高くなったし、それに僕に万一のことがあったら、相続税で大変なことになるんじゃないかと不安なんだ」
妻 「そういうことなのね。ちょっと、その先輩の話を詳しく聞かせて」
院長 「その先輩は、クリニックの不動産をMS法人に移して、それを自分が借りるようにしたらしいんだ。それで所得税も節税できて、さらに相続対策もできるらしい」
妻 「そのMS法人がカギになっているってことね。でも所得税が節税できるのはわかるけれど、どうして相続対策ができるのかしら」
院長 「僕もそこを聞いてみたんだよ。そうしたら、MS法人をつくって不動産に投資した理由は、資産のバランスつまりポートフォリオがよくなるらしいんだ」
妻 「サッパリわからないわ。なぜ不動産に投資すると資産のバランスがよくなるの？」

個人医院・医療法人の経営が好調であれば、院長個人が受け取る事業所得や給与所得は増えていきます。その結果として個人の金融資産は増加します。金融資産が増加してくれば、次のステップとして資産運用を考えることでしょう。金融資産をそのまま金融商品で運用するケースもありますが、将来の相続税を考えると一工夫が必要です。金融資産はストレートに100％の評価とされるのに対し、不動産であれば時価の50％から80％での評価となるためです。

　さらにいっそうの効果を期待するのであれば、利回りのよい不動産収益物件を所有したいという気持ちになるのではないでしょうか。その方法としては、「株式」を通じて、収益物件を間接所有するという形態をとることが考えられます。これにより相続財産を、生前より給与というかたちで家族への移転することが可能になります。以下、具体的に考えてみましょう。

1　医療法人の制約とMS法人で不動産賃貸業を行う意義

　医療法人設立は節税につながる、ということで法人化された先生は多いかと思われますが、医療法人は、医療法により業務が制限されており、営利活動を行うことが基本的に禁止されています。したがって、不動産賃貸業を直接営むことはできません。

　また、医療法人は配当ができないという制約もあります。一般的に、こうした問題をクリアするためには、個人や医療法人ではなくMS法人で不動産を所有し、賃貸収入を得るという形態にすることが考えられます。つまり、家族がMS法人の役員となり、各々が役員報酬を受け取ることによって、所得の分散効果を享受するのです。他の職業があるため専従者給与を支払えなかった家族がMS法人の役員や代表者となることで、役員報酬（給与）をもらうことができるようにもなります。

2　MS法人と個人の相続対策の関連性

　このフローは、将来の相続税全体の納税資金確保にもつながっていきます。また不動産をMS法人で所有することは、MS法人である株式会社の貸借対照表上の資産項目となり、一定の株式評価方法が適用されてさらに有利になります。このことでも、個人で不動産を所有するより相続財産の評価を下げる効果

が期待できるのです。

こうしたスキームにおいて、毎年少しずつMS法人の株式を生前贈与することで、理想的な財産承継を実現することができます。ただし、いったん個人で所有していた不動産をMS法人へ移転する場合には、登録免許税・不動産所得税などが余分にかかるため、注意が必要です。

また、自宅をMS法人が所有する場合には、配偶者への居住用不動産の贈与の非課税の特例や、相続時の居住用不動産の小規模宅地等の評価減の特例などを用いることができないこと、社宅の場合や、MS法人との賃貸借契約を締結していない場合、相続によりMS法人と関係のなくなった者が住み続けたくてもできなくなる可能性もあるため、身内のこととはいえ、将来を考えて契約を確実に結ぶなど、十分な注意を払う必要があります。

3 　持分なし医療法人とMS法人

平成26年度の税制改正において「医業継続にかかる相続税・贈与税の納税猶予」が創設され、その後平成29年度の税制改正により制度の門戸の広がったことにより"持分なしの医療法人への移転"がクローズアップされています。しかし、本編「6－4　医療法人の解散」で述べたとおり新制度の医療法人の解散を余儀なくされた場合のことを考えると、できれば新制度の医療法人においては、可能な限り換金しづらい不動産を所有しないほうがベターではないかという見方もあります。そのようなケースにおいても、所得税が課せられる個人での不動産所有より、医療法人ではないMS法人での不動産所有が望ましいと思われます。

4 　ポートフォリオの改善は相続対策の重要項目

相続税は、院長が所有するすべての資産を対象として、金銭に換算したうえでの計算をします。ここで重要なことは、中途半端な対策により、資産構成のバランスが偏ってしまわないようにすることです。「卵を一つのかごに盛らない」という「ポートフォリオ」の格言がありますが、偏った資産配分は、資産運用としてのリスクが高くなります。MS法人を最大活用しながら、適正に資産のバランスをコントロールすることが肝要です。

Column

相続税対策に有効なMS法人

　平成19年4月1日以前に設立した医療法人（持分あり医療法人）の理事長が保有する出資持分をMS法人に譲渡し、MS法人が保有することで、理事長の相続財産を減少させることができます。

　医療法人の出資持分を理事長が保有したまま何も対策をしないと、出資持分評価は一般的に年を経るごとに増え、相続時には高額の出資持分評価になることが考えられます。しかし、MS法人で出資持分を保有すれば、理事長の将来の相続財産の総額の増加が抑えられ、将来の相続税の節税につながりますし、売却して代金を受け取りますので、出資持分を現預金に変えることも可能です。

　ただし、MS法人に医療法人の出資持分を譲渡する場合は、理事長に譲渡所得税が課税されることにご注意ください。

　医療法人の出資持分を譲り受けた後、MS法人側は、MS法人としての株式評価が高額にならないように役員報酬を増額するなどの工夫も必要ですが、MS法人の業務規模が小さく、MS法人の財産のほとんどを出資持分が占めている場合には、株式保有特定会社となり、評価が下がらないこともあるので注意が必要です。

　また、MS法人でクリニックの土地・建物を所有することは、その不動産を個人が直接所有する場合に比べて相続税の節税につながります。不動産の贈与は登録免許税や取得税などがかかるため、現預金と比べて困難です。他人に売ることもむずかしいでしょう。贈与も売却もできないとなると、そのまま財産として持ち続けることになり、財産を減少させることはむずかしくなります。

　その点、MS法人へクリニックの不動産を譲渡し、MS法人が所有すれば、不動産の売買代金という現預金に置き換わるので、出資持分をMS法人が所有した際と同様、財産を贈与しやすい状態に置き換えることがき、次世代への移転が容易になります。

　なお、MS法人の株主を当初から次世代とするなど、株主の構成にも一工夫をすることで、その後のMS法人の株価の上昇に注意を払う必要は軽減されます。

第11章

遺言の制度と効果

11-1
資産のほとんどはクリニック関連の不動産なので相続でもめないか不安です
［遺言書の活用例］

長女　「いきなり何を言い出すのかと思ったら、ふざけないでよ！」

伯母　「あなたたちこそ、病と闘っていた弟のめんどうをまったくみなかったのに、相続になったら権利を主張し始めるなんて、これじゃあ弟がかわいそうだわ」

次女　「伯母さん（院長の姉）には感謝していますよ。でも、いくら看病を1人でしたからといっても、伯母さんが財産分与を要求するのは筋違いじゃないですか？」

長男　「そうだよ。僕たちだって看病したかったですよ。でも、忙しくてできなかったから、時間に余裕がある伯母さんにお願いしたんでしょ。そもそも父のクリニックは、父にいわれて僕が引き継いでいるんだから、クリニック関連の資産は僕が引き継ぐのが当然だろ！」

長女　「ちょっと、それもおかしいんじゃないの！　あなたがクリニックを引き継ぐのはいいとしても、私たちにも財産を相続する権利があるんだからね」

長男　「それは無理だな。だって、現金でもっておくと相続税が高いから、ほとんどクリニック関連の不動産などにしちゃっているから、分けろといわれても分けられないよ」

次女　「じゃあ、私たちは財産をもらえないってこと？　そんなの許せないわ」

伯母　「兄弟ゲンカはやめなさいよ。もう、どうしてこうなっちゃったのかしらね」

近年、遺産分割に係る司法争いは増加の一途をたどっており、平成29年中に家庭裁判所で争われた遺産分割調停事件は、約12,000件でした。そのような親族間の骨肉の争いを避けるための有効策として、遺言があります。ここでは、遺言の制度と、遺言がどのような場合に有効なのかをみていきましょう。

1　遺言の制度

民法上、遺言は法律に沿ってされなければ効果がありません。すなわち、自己流で遺言書を作成しても効果がないということです。遺言書の代表的なものとしては以下の「自筆証書遺言」と「公正証書遺言」があります。

(1) 自筆証書遺言

自筆証書遺言は、遺言者が遺言を自筆で書き遺す方法です。1人で手軽に作成でき、費用もかからず、いつでも書けるというメリットがあります。

デメリットとしては、形式や内容の不備などで無効になる可能性があること、偽造・変造される可能性があること、遺言書の存在を知られない可能性があること、相続人の間で争いの種になる可能性があること、などがあります。

また、自筆証書遺言は、その遺言書を発見した者が必ず家庭裁判所にこれを持参し、検認手続を受ける必要があり、相続人にはかなりの手間と時間がかかります。

さらに、自筆証書遺言は、これを発見した者が、自分に不利なことが書かれていた場合に、破棄をしたり隠匿や改ざんする可能性も否定できません。

なお、法務局における遺言書の保管等に関する法律が公布されました。これにより、平成32年（2020年）7月10日から自筆証書遺言に係る遺言書を法務局に保管するという新たな制度が始まる予定です。法務局に保管される遺言書については、家庭裁判所で検認手続は必要がありません。

(2) 公正証書遺言

公正証書遺言は、遺言者が公証人の目の前で遺言の内容を打ち合わせ、公証人がその打合せ内容に基づいて、遺言者の真意を正確に文章にまとめ作成する方法です。そのため、形式や内容の不備で無効になるおそれがなく、偽造・変造・隠匿のおそれもなくなり、紛失しても再発行が可能で、検認手続も不要などのメリットがあります。

デメリットとしては、手間と費用がかかることです。戸籍謄本、住民票、登記簿謄本などの必要書類を集め、事前に公証人と原案の打合せを行う必要があり、当日には、2名の証人を連れて公証役場まで足を運ばなければなりません。このように手間はかかりますが、後々のことを考えると、安全で確実な方法が公正証書遺言です。

なお、このほかに「秘密証書遺言」があります。内容は秘密にしたまま、遺言の存在のみを公証役場で証明してもらう方法です。どうしても、遺言の内容を秘密にしたい場合以外は公正証書遺言を選択するのが一般的です。

2　遺言の効力

遺言は、相続の場では大きな効力をもちます。有効な遺言があれば、たとえば、お父さんが「次男の二郎に遺産を全部相続させる。長男の太郎にはいっさいの遺産を相続させない」という遺言をしたとします。そうすると、次男がお父さんの遺産をすべて相続する権利をもつこととなり、長男は遺産相続の権利を失うということとなります。

遺言がなかった場合は、相続人全員の話合いによって、それぞれの相続分を決めることとなり、遺産分割協議書に全員の実印と印鑑証明書が必要となります。しかし、遺言書で相続する遺産が指定されている場合は、その相続人単独で名義変更などの手続をすることができます。

また、遺言の効力は過去にさかのぼりますので、相続人の話合いで遺産の分割が決まった後に、遺言書が発見された場合でも、遺言書の内容が優先されることになります。

3　遺言の限界

このように強い効力をもっている遺言ですが、遺言どおりにならないこともあります。遺留分の行使などが行われたり、遺言自体が無視されたりした場合です。民法では故人の法定相続人（兄弟姉妹以外）には「遺留分」という権利が認められています。これは、遺言の内容にかかわらず、遺産の一定割合を取得できるという定めで、相続人の生活を保障し、相続人の間の公平性を保つためのものです。また相続人全員と受遺者、遺言執行者の同意がある場合には、

遺言と異なる内容の遺産分割を行うことができます。

　前者の場合、遺留分の権利者は、「遺留分減殺請求」を行って、遺留分相当額を取り戻すことができることとなっています。遺留分減殺請求は、その遺産を取得した者に口頭で請求するだけで効力が発生しますが、実際には証拠が残る内容証明郵便で行われる場合がほとんどです。

　また請求の期限は、遺贈があったことを知った日から1年以内です。死亡を知らなかった場合でも、相続開始の時から10年を経過したときは、時効により行使できません。

　遺留分でもめたりしないためには、相続人全員の立場に配慮した遺言にすることが大切です。

　また、遺産の配分だけでなく、家族や大切な人へのメッセージも遺言書に遺す（付言といいます）ことで、遺言が尊重されるようになります。法的な効力はありませんが、気持ちを込めて最後のメッセージを遺すことをお勧めします。

4　遺言の活用例

(1)　遺産が不動産のみの場合

　不動産しか遺産がないときは、要注意です。事例の会話のように、資産の大半をクリニック関連の不動産が占めている場合がそれに該当します。相続人が複数いると、不動産は分割することできないため不公平となり、相続争いが起こり、その遺産の不動産を売却せざるをえない事態になってしまう可能性があります。それでは、クリニックを引き継いだ遺族は、職場を失うことになりかねません。

　このような場合に備えて、遺言で「不動産を相続するのは、長男の太郎とする」などと指定して、次男などには相当額を代償金として支払う旨を記し、その代償金分として、後継者を受取人とする生命保険契約などを準備しておくとよいでしょう。

(2)　もめることが明らかな場合

　生前から相続人が不仲で、死後もめることが明らかな場合にも、遺言は効果的です。「長男には診療所の土地を、次男には○○市の土地を、三男には△△

株式会社の株式1,000株をそれぞれ相続させる。残りの現金などの遺産は、3人で仲良く3等分に分けること」などと記した遺言書を遺せば、もめる可能性を低減することができるでしょう。ただし、注意することは、遺産をもれなく指定することです。指定していない遺産があると、それがもめ事の種となる可能性があります。

(3) 子どもがいない場合

子どもがいなければ遺言は必要ないのかというと、そうでもありません。むしろ、遺言をしないと大変なことになる場合がありますので、注意が必要です。たとえば、子どもがいない夫婦で、両親ともすでに死亡していた場合、夫が亡くなると法定相続人は妻と夫の兄弟姉妹になります。遺言がなければ、遺産分割協議が必要となります。妻が自宅の名義を書き換える際、1人でも「いやだ」と言われると協議が成立せず名義変更ができなくなります。

このような場合は、「妻のBにすべての財産を相続させる」などと遺言をしておきます。兄弟姉妹には、遺留分はありませんので、遺留分減殺請求をされることもないため、妻は自宅や預金などの相続権を確保できます。

(4) 他人に財産を遺したい場合

他人は、民法で定める相続人でないため、遺言がなければ、故人の遺産を相続することはできません。しかし、遺言を活用すれば、相続人以外にも、財産を遺すことができます。たとえば、「内縁の妻Cに現金1,000万円を遺贈する」と遺言すれば、相続人でない内縁の妻に現金1,000万円を遺すことができます。このようなことも遺言なら可能となるのです。

ただし、相続人による遺留分減殺請求は可能です。また、遺言によって財産をもらった人が被相続人（亡くなった人）の一親等の血族、および配偶者以外の人である場合は、その人の相続税額にその相続税額の2割に相当する金額が加算されます（本編11－3参照）。

11-2
遺言書を作成しましたが、きちんと書けているか自信がありません
［遺言書の要件］

妻　「あなた、さっきからむずかしい顔をして何を書いているの？」

院長　「遺言書を書いていたんだよ」

妻　「えっ、急にどうしたの？」

院長　「いや、僕の友人の先生がこのあいだ急死しただろ、対策をしていなかったみたいで、いま大変なことになっているみたいなんだ」

妻　「そうだったの……」

院長　「医者の不養生と言うじゃないか。僕も突然どんな病にかかるかもしれないし」

妻　「まったくもう、縁起でもないこと言わないでよね。でも、うちも少しは考えておかないといけないかしら」

院長　「そう。事前準備が大事なんだよ。財産の分け方を決めておかないと、子どもたちがもめるおそれがあるからな。だから、こうして遺言書を書いてはみているけど、いまひとつきちんとできているか自信がないんだ。そもそもだれ宛てに書いたらいいんだ？」

妻　「どれどれ、ちょっとみてもいいかしら。あらっ、ここの吉日というのは……そうか、今日は大安なのね」

遺言は、遺言者の真意を確実に実現させる必要があるため、民法で厳格な方式が定められています。その方式に従わなければ効力は発生しません。作成するときには注意が必要です。ここでは、遺言の作成方法について説明します。

1　自筆証書遺言の作成と手続

　自筆証書遺言は紙とペンと印鑑があれば、いつでも作成できます。紙もペンも特別なものである必要はありません。

　ただし、書くときのルールがいくつかあります。以下のルールを守れば効力がある遺言書ができます。

①自筆で書くこと（財産目録の作成はパソコン等でも可）。

②日付を記入すること。

③記入者の氏名を記入すること（連名は不可。1人一つの遺言書を記載）。

④印鑑を押すこと（実印が安心）。

⑤財産の記載については、できるだけ詳細に記載すること。

⑥相続人にあげるときは「相続する」、相続人以外にあげるときは、「遺贈する」と記載すること。

　なお、書いた遺言書は、11章1でも触れたように、平成32年（2020年）7月10日より法務局に預けることができます。改ざんのおそれもなく遺言書の所在も簡単にわかるため、相続の手続がスムーズになることが期待されます。また、信頼できる人（遺言執行者など）に預けておくという方法もあります。前者の場合は、遺言書を書いたことを法定相続人に事前に伝えておきましょう。遺言執行者とは、遺言書の内容・趣旨に沿って、各種手続などを行い、遺言書の内容を実現する人をいいます。

2　公正証書遺言の作成と手続

　公正証書遺言は、自筆証書遺言と比べると、作成までの手間と費用がかかり、手続も複雑なため、多くの場合、司法書士や弁護士などの専門家に依頼して作成します。以下は、専門家に依頼しないで作成する場合の手続です。作成の流れは以下のようになっています。

①自筆証書遺言と同様に遺言の内容を考える。

②内容が決まったら、必要書類を集める（図表11－1参照）。

③必要書類をもって、公証役場に電話して事前にアポイントをとり、公証役場で公証人と内容などの打合せをする（複数回の場合もあり）。公証役場はどこの公証役場でもかまわないが、一般的には最寄りの公証役場を利用する。

④公証人から書面作成完了の連絡が入り、作成期日を決める。

⑤作成期日に証人2人と公証役場へ行き、遺言に署名押印（実印）する。なお、推定相続人や受遺者（遺贈される者）、またはその配偶者や直系血族、未成年者は、証人になることができない。証人は適当な人がいなければ、公証役場で紹介を受ける。

⑥最後に、公証役場に手数料を支払って、遺言公正証書の正本と謄本を受け取って完了。なお、公正証書遺言の原本は、公証役場で保存されるため、紛失した場合でも再発行が可能。正本・謄本の一方は、推定相続人や遺言執行者に預けておく。出張サービスもあるため、入院中の人などでも利用できる（本編11－4参照）。

図表11－1　公正証書遺言の必要書類

✔	書　　類
	遺言者本人の印鑑登録証明書
	遺言者と相続人との続柄がわかる戸籍謄本
	財産を相続人以外の人に遺贈する場合には、その人の住民票
	財産のなかに不動産がある場合には、その登記事項証明書と固定資産評価証明書または固定資産税・都市計画税納税通知書中の課税明細書
	証人予定者（2名）の氏名、住所、生年月日および職業をメモしたもの

図表11−2　公正証書遺言の作成費用

（平成30年10月1日現在）

目的の価額	手数料
100万円以下	5,000円
100万円超　200万円以下	7,000円
200万円超　500万円以下	11,000円
500万円超　1,000万円以下	17,000円
1,000万円超　3,000万円以下	23,000円
3,000万円超　5,000万円以下	29,000円
5,000万円超　1億以下	43,000円
1億円超　3億円以下	43,000円に超過額5,000万円ごとに1万3,000円加算
3億円超　10億円以下	95,000円に超過額5,000万円ごとに1万1,000円加算
10億円超	249,000円に超過額5,000万円ごとに8,000円加算

11-3
遺言で姉にも財産を遺したいのですが、税金の問題があると聞きました
[法定相続人以外への遺言]

長女 「あれ、お父さん何を書いているの。えっ、遺言書？ まだ元気なのに、どうしてもう書いているの」

院長 「うん、知っていると思うけど、僕の姉つまりおまえの伯母さん、このごろめっきり老けてしまったじゃないか。このクリニックを開く時にずいぶん助けてもらった恩もあるし、それに報いてあげたいんだ。だから財産を少し遺してあげようと思っているんだよ」

長女 「そうなんだ。たしかに伯母さんには開業時にずいぶんお世話になったみたいだし、私、伯母さん好きだし、いいわよ」

妻 「私も賛成よ。でも、何を遺してあげるつもりなの？」

院長 「おまえたちには、クリニックと自宅それに現預金を遺して、姉さんには実家の不動産を遺そうと思うんだ。姉さんは独り身だから実家がいいと思う」

妻 「そうね。そこは、ずっとお義姉さんが住んでいるし、安心するんじゃない？」

院長 「ありがとう。そういってくれて安心したよ。もめないか心配していたんだ」

妻 「それはそうとして、税金対策しないと大変なことになるんじゃないの？」

院長 「えっ……」

会話の院長は、姉に財産を遺してあげたいと思い、遺言書を書いていましたが、納税資金のことまでは考えが及ばなかったようです。これまでお世話になった兄弟姉妹などに、財産を遺したいという気持ちはよくわかります。しかし、遺言により財産を取得した人には、相続税を納める義務が生じます。せっかく財産を遺してあげるのですから、もらった人が納税で困ることがないように配慮してあげたいものです。
　それでは、次の例をもとに具体的に注意点を考えていきましょう。

> （ケース）遺言により相続人ではない姉Aに財産のうち土地5,000万円分を遺贈した場合
> 財　産：4億円（現金2億円、建物1億円相当、土地1億円相当）
> 相続人：妻、子ども2人

1　相続税額の2割加算

　相続、遺贈などによって財産を取得した人が、被相続人の一親等の血族および配偶者以外である場合、その人の相続税額にその相続税額の2割に相当する金額が加算されることが定められています。
　ケースの場合、姉のAさんの相続税額は、妻、子ども2人と同様に考えれば約1,150万円となります。これでも十分に重い税負担となりますが、2割加算されますので、上記金額の2割に相当する約230万円が上乗せされることになります。つまり、約1,380万円がAさんの相続税額となるのです。
　この規定は相続税額が"増える"規定ですから、特に注意をしておきましょう。

2　税額控除の不適用

　また、法定相続人であれば、財産を取得した人によって、未成年者控除、障害者控除など税額が軽減される措置がありますが、法定相続人以外の場合は、これらの税額控除が適用されません。

3　遺留分

　トラブルを避けるためには、遺留分を考慮することが大切です。このケースのＡさんは姉ですが、親族（法定相続人）以外の受遺者に遺贈する場合は、親族に対して少なくとも遺留分に相当する資産を分配することで、トラブル回避はもちろん、親族の心情、受遺者本人の負い目などの感情を和らげることにつながります。

4　納税資金の確保

　一般的に税金は金銭で納めます。Ａさんには約1,380万円の納税義務が生じます。取得した財産が現金であれば、そこから納税することができるので困ることはありません。しかし、取得した財産がすべて不動産だった場合はどうでしょうか。

　相続税には、金銭以外の財産により納税をする「物納」という制度があります。物納でなくても、不動産を売却して、その売却代金を納税に充てることもできるでしょう。しかし、こうしたことはＡさんに財産を遺した被相続人の想いに沿っているのでしょうか。Ａさんに負担をかけることは、被相続人の意図するところではないはずです。もしも、遺した財産が、会話のように、被相続人とＡさんのご両親がかつて住んでいた住居で、いまはＡさんが住んでいたものであるならば、Ａさんは大切な両親との思い出がつまった住まいを失ってしまうことにもなりかねません。

　このように、不動産を遺す場合、資産を受け取る人の状況を考慮して、納税資金を考えて、金銭も遺してあげるような遺言を心がけるとよいでしょう。資料編資料6で説明した包括遺贈を利用するのも一つの方法かもしれません。

11-4
とても自筆で遺言書を書ける状態にありません。どうしたらいいのですか？
[特別な遺言]

院長 「ただいま。母さんが僕を呼び出すなんて珍しいじゃないか。びっくりして急いで戻ってきちゃったよ。どうしたんだい？」
母　 「よく来てくれたね。ちょっと相談にのってほしいことがあるのよ。実は、ここのところ身体の具合があまりよくなくてね」
院長 「そりゃあ心配だよ。どこか気になるところがあるの？」
母　 「年のせいだから仕方がないけど、あちらこちら弱ってきている感じがしてね。先々のことを考えて、ちょっと遺言書を書きたいと思っているのよ」
院長 「……大丈夫なのかい。それに遺言書を書くと言うけど、1人で書けるのか？」
母　 「ひな型をみながら書こうと思ってみたんだけど、手が震えて文字がうまく書けないのよ。どうしたらいいかしら。あなたが代わりに書いてくれる？」
院長 「それは無理だろう。僕が書いたものは、母さんが書いた遺言書じゃないし、法律上認めてもらえないと思うよ」
母　 「じゃあどうしたらいいのかしら」
院長 「直筆の問題もやっかいだけど、最近母さん少し認知症が入ってきたと言っていたよね。そっちの問題もあるような気がするんだ。弱ったねえ」

遺言書については、これまでご説明してきましたが、身体が不自由で自力で書くことができない場合や、差し迫った状況で遺言をしたい場合はどうしたらいいのでしょうか。実は、そのような場合でも効力のある遺言書を遺せる制度があるのです。ここではそれについてお話しします。

1　身体が不自由な場合

　公正証書遺言については、本編11－1でご説明しましたが、この制度を利用すれば公証人の代筆により遺言書を作成することができます。自筆証書遺言を書くことができない場合には、有効な手段となります。

　また、病気や体力の衰えなどで公証役場まで移動が困難な場合には、公証人に自宅あるいは病院まで出向いてもらうことも可能です。

　通常、口頭で公証人に遺言内容を伝えますが、口が不自由だったり、耳が聞こえなかったりする場合もあります。こうした場合、字を書くことができれば筆談で、手が不自由で筆談が困難な場合は、通訳人の通訳を通じて公証人に意思を伝えて、公正証書遺言を作成することができます。

2　状況が差し迫っている場合

　遺言書はいつでも書けるからと思っている人も多いのではないでしょうか。実際に書面にするのは、決められた様式を守らなければならないため、手間がかかります。

　しかし、いつ、万一の事態がやってくるかわかりません。たとえば交通事故の場合、一時的に意識を取り戻したとしても、わずかな時間に遺言書を書くことはできません。そういった場合はどうすればよいでしょうか。

　このような状況にも遺言を遺せるように、法的効力をもつ遺言として、「危急時遺言」というものが定められています。これは事故や病気などで死亡の危機にひんしている場合に作成が認められている遺言です。

　証人3人以上が立ち会い、その1人に遺言の趣旨を口頭あるいは通訳人の通訳により伝えます。その趣旨を証人が筆記し、その内容を遺言者と残りの証人に読み聞かせ、その内容が正確なことを確認し、署名押印をすることで作成します。この遺言書は、その遺言があった日から20日以内に家庭裁判所の確認を

得なければなりません。

　この遺言は、遺言者が通常の方式により遺言をすることができるようになった時から6カ月間生存した場合は、その効力を失います。事故などに見舞われた遺言者が、回復を遂げられることは喜ばしいことですが、再度遺言を遺すことを忘れないようにしましょう。

3　認知症の疑いがある場合

　上記では遺言が遺せる特殊なケースを紹介しましたが、残念ながら遺言を遺すことがむずかしいケースもあります。それについてご説明します。
　民法で「遺言者は、遺言をする時においてその能力を有しなければならない」と定められているため、認知症など精神上の障害により判断能力がない場合は、残念ながら遺言を遺すことができません。
　成年後見制度の利用については、例外が設けられていますが、一時的に判断能力が回復し、医師が2名以上立ち会うことが条件とされているため、これも現実的に考えるとむずかしいと思われます。上記のことを踏まえ、特に高齢者が遺言を遺す場合は、次のような対策をしておくとよいでしょう。
　①遺言書を遺す際、医師の診断を受け判断能力に関する診断書をもらう
　②公正証書遺言による遺言書を作成する
　判断能力の有無で遺言の有効性が争われることもあります。トラブルを未然に防ぐためにも、しっかりと対策をしておきましょう。

第12章
成年後見制度・信託の活用

12-1
クリニックの名義だけを子どもに変える方法があるのですか？
［家族信託の活用］

院長　「ちょっと相談があるんだが」

妻　　「どんなこと、どこか旅行の相談かしら、テレビで特集していたけど由布院なんかいいんじゃない、あそこは食べ物も……」

院長　「そうじゃなくて！　いちろうがそろそろ大学病院から出たがっていたじゃないか。このクリニックを継いでもらおうと思うんだよ」

妻　　「何だ、そんなこと。もうその話はいちろうから聞いていたわよ」

院長　「本当か？　知らないのは僕だけなのか」

妻　　「私は何でも知っているのよ。でも、ここはあなたの名義になっているし、いちろうに譲るにしても、贈与税がそれなりにかかるんじゃないかしら。開業するとなるとお金がいろいろかかるし、彼にはそんなお金ないわよ」

院長　「そこなんだよ。最近、医者仲間に聞いた話だが、相続対策で信託を使うといいらしいんだ。でも信託銀行への手数料もそれなりにかかるだろうし、どう思う？」

妻　　「信託……。そういえば、私が親しくしている隣町のABクリニックの奥さんなんだけど、お茶を飲んだ時に信託の話が出たの。何でも身内だけで信託契約をしたらしいわよ。それもよ、贈与税がかからなかったんですって」

院長　「何だって！　それはいったいどうやったんだ？」

信託とは、自分の財産を信頼できる人に預けて（所有権を移転）、その人に財産の管理・処分をしてもらう制度です。日本では、信託銀行が受託者となって、営利目的に財産を預かる「商事信託」が行われてきましたが、信託法の改正により2007年から、営利目的でなければ、信託銀行に代わって親族や同族会社が受託者になることができるようになりました。これを一般的に「家族信託」といいます。

図表12－1　信託とは何か

信託とは、財産の所有者である委託者（預ける人）が信頼できる受託者（預かる人）に財産を預けて、財産（信託財産）の管理・処分を任せることをいいます。

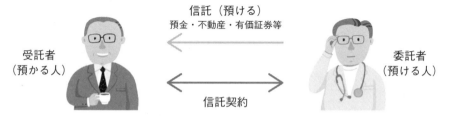

※受益者（利益を受ける人）は信託契約で定める。

1　受益者を自由に設定できる

　信託において、委託者とは財産を預ける人を、受託者とは財産を預かって定められた目的に従って管理・処分する人を指します。さらに、信託財産から得られる収益を受ける人を受益者といいます。信託でおさえておきたいポイントの一つ目がここにあります。それは、信託とはこの受益者を信託契約のなかで自由に決めることができるということです（図表12－1）。

　たとえば、元院長である父が、所有しているマンションとマンション内のクリニックを、後を継いでクリニックの経営を始めたばかりの子に譲るとします。しかし、贈与すると多額の贈与税の負担を、経営を始めたばかりの子どもに強いることになります。このような場合に信託の仕組みが有効です。具体的には元院長（親）を委託者、現院長（子）を受託者、そして元院長を受益者と

します。こうすることで、マンションからの利益はこれまでどおり元院長が受け取るため信託契約設定時には贈与税が発生しません。現院長は、受託者ですから、登記簿上、マンションとクリニックを譲り受けたかたちとなり、不動産の収入を管理したり処分したりする権限を得ることができるようになるのです。なお、クリニックの部分を使用貸借するのか、賃貸借にするのかについての取決めも必要ですが、ここでは説明を省略いたします。

図表12-2 信託に関する基本用語

委託者	自分の財産を受託者に移転し、管理・処分などをさせる人
受託者	信託財産の移転を受け、信託目的に従って受益者のために信託財産の管理・処分をする人
受益者	信託財産から得られる利益、処分した際の代金を受け取ることができる者で、信託財産の実質的な所有者
受益権	受益者が有する権利（信託財産の引き渡し、利益を受け取る権利）
信託行為	受託者へ財産を託すときの法律行為であり、信託契約、遺言および自己信託を指す
信託財産	受託者が信託目的に従って管理・処分などをする財産

2　受益者に課税される

　さて、信託と贈与税のことをお話ししましたが、信託でおさえておきたいポイントの二つ目は、課税の問題です。税務上は、経済的な利益を受ける受益者が信託財産を所有しているとみなします。ここがポイントです。言い換えれば受益者とは、信託財産から経済的な利益を受ける人を指します。

　先ほどの例において元院長である父が委託者となり、現院長にクリニックが入るマンションを信託し、現院長が受託者としてこれを管理・処分する信託契約を結んだ場合、不動産登記上は現院長にマンションの名義が移りますので贈与したようにみえますが、マンションの収益を受ける受益者が元院長であるならば、税務上の所有者の変更がないことから、贈与税は発生しないことになるのです（委託者と受益者が異なる場合は受益者に贈与税が課せられます）。

12-2
認知症にならないか不安です。いまのうちに将来の財産分けをしておく方法はありませんか？
［信託による財産承継］

元院長　「このところ、めっきりモノが覚えられないんだよ。脳がどうかなってるんじゃないかなあ」

現院長　「父さん、大丈夫かよ。あえていままでいわなかったけど、30分話をすると、同じ話を3回は聞いてくるよ。ひどいときは5回くらい聞かれることもあるから心配でしょうがないよ」

元院長　「そんなにか。こんな調子だと、将来どうなるか不安だよ。いまもっている賃貸アパートや遊休不動産などもあるし、投資している投資信託もあるだろ。放っておけないし困ったな」

現院長　「いざというときのために成年後見制度の手続をしておいたほうがいいかなあ」

妻　　　「実家の母のことがあったんで、調べたことがあるんだけど、家庭裁判所に行ったり、登記が必要になったりするんじゃなかったかしら。みんなに知られてしまうってことでしょ。ちょっと抵抗あるわ」

現院長　「たしかに認知症になったことは、知られたくないよね。それに、成年後見制度を利用すると、父さんの財産は僕たちでもさわれなくなるかもしれないし、やっぱりそれはまずいな。何かいい方法はないものか」

元院長　「ところで今日は何の話なんだい……」

1　信託で財産を子どもに譲る

　院長が高齢になって判断能力がなくなってしまうと、もはや不動産に関する賃貸借契約や売買契約だけでなく贈与も行えなくなってしまいます。たとえ成年後見制度を利用したとしても、基本的に後見人は財産の保全と管理が職務ですから贈与はできません。

　今日のような高齢社会においては、税金対策や遺産分割対策などをしようと思っても本人の判断能力の問題で、対策ができなくなるおそれがあるのです。そこで、この問題を回避する一つの手段として注目されているのが信託です。信託を使えば、自分が生存している時から死亡した後まで、自分の財産の管理・継承・処分について定めておくことができます。

　そこで、判断能力があるうちに、委託者である元院長（父）が受託者となる院長（子）と信託契約を結び、不動産の所有権（民法上）を現院長に移転し、元院長に代わって現院長が不動産を管理・承継・処分するようにするのです。

　なお、受託者の義務として、信託財産と自分の財産は分別して管理しなければならないとされており、その管理方法として登記することが求められます。不動産登記法において、信託に係る登記については、①所有権移転登記と②その財産が信託財産であることを示す信託登記、という二つの登記が必要となります。

　信託登記をした場合、登記簿上は以下のように受託者が財産の管理処分権限をもつ者として、形式的に所有者欄に記載されます。そして別冊として信託契約の概要が信託目録で公示されます。

図表12−3　信託における不動産登記簿記載例

順位番号	登記の目的	受付年月日・受付番号	原因	権利者その他の事項
1	所有権移転	昭和62年11月8日 第○○号	昭和62年 11月3日売買	（所有者） 名古屋市西区○○ A
2	所有権移転	平成30年9月1日 第○○号	平成30年 9月1日信託	（受託者） 名古屋市西区○○ B
	信託			信託目録○○号

2　贈与税は発生しない

　次に課税関係を考えてみましょう。不動産を院長に信託して管理処分を任せますが、受益権（利益を受け取る権利）は院長の父から動いていません。12－1でご説明したとおり、税は常に税法上の所有者である受益者に対して課税します。

　ここでの受益者は元院長です。つまり経済的価値が移転していないことになるため、贈与税はかからないのです。同様に不動産取得税もかからず、登録免許税のみ原則固定資産税評価額の0.4％がかかります。生前は、元院長が受益者として利益を受け取りますが、死亡後の受益者を信託契約のなかで現院長としておけば、現院長がそのまま自宅や賃貸アパートの受益権を相続することができます。

　所有権を移すことに抵抗感があるかもしれませんが、もしいま贈与をすれば贈与税がかかります。信託の仕組みで、元院長が死亡するまで元院長を受益者としておけば、名義を移しても贈与税はかかりません。信託を検討する価値は十分にあるでしょう。

　また、現院長は信託財産を預かっているだけですから、賃貸アパートの収入に手をつけることはいっさいできません。信託の仕組みを活用することによって、元院長は遺言と同様のことを生前に実現ができるのです。

図表12－4　相続対策に使える信託（親の財産を子が預かる例）

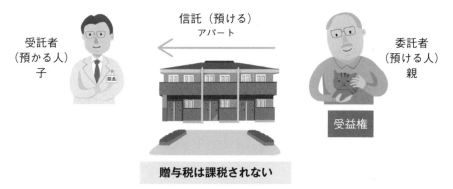

12-3
妻が亡くなった後が心配です。
二次相続まで指定する方法はありませんか？
［受益者連続信託の活用］

院長　「遺言書を書こうと思っているんだけど、あなたも知っているように、僕には別れた元妻とその間にできた子がいるだろ。いまの妻との間には子がいないじゃない、だから、相続でもめないようにしておきたいと思っているんだよ」

税理士　「とても重要なことにお気づきですね。何事も準備が大切です。それでどういう遺言書を書く予定ですか？」

院長　「うん、子どもには十分な財産分与を考えているんだけど、問題は元妻といまの妻だ。元妻は僕より20歳も年下だったけど、いまの妻は僕より10歳年上じゃないか。だから、まずはいまの妻の老後が心配なんだ」

税理士　「なるほど、複雑ですね」

院長　「そうなんだ。だから僕の最大の財産である名古屋の賃貸マンションは、いまの妻に相続させてあげようと思うんだ。しかし、妻が亡くなった後は、前妻にその賃貸マンションを相続させてあげようと思うんだよ。再婚もしておらず母子家庭のようだし。そんなことを遺言書に書こうと思っているんだ」

税理士　「しかし、困りましたね。遺言書は院長が亡くなった時のことは決められますが、その後に亡くなる奥さまの相続までは決められないんです。でもいい方法がありますよ」

院長　「え、どんな方法？」

税理士　「信託という方法があるのです」

1　信託なら二次相続も指定できる

　院長が、遺言書に「私が死んだら、賃貸マンションは妻に相続させたい。妻が亡くなった場合には、前妻との間の子に相続させる」と記載しても、通常の遺言書では自分の相続についての遺言しかできません。自分の財産を相続した相続人に、その財産を次にだれに相続させるかは、自分では決められないのです。

　遺言書に法律上無効なことが書かれている場合は、その部分の記述は無効となります。このような遺言書を書いたとしても、いまの妻はその不動産を売却することができ、院長が亡くなった後に再婚したら、後々、その夫が相続することもできるのです。

　しかし、信託における「受益者連続型信託」という仕組みを活用すれば、自分の想いにかなった財産承継が世代を超えて可能となります。自身の意思を信託行為によって、遺言書以上に柔軟に実現させることができるのです。

　受益者連続型信託とは、あらかじめ受益者の順位を指定しておき、現受益者が死亡した場合、その受益権は次の受益者によって順次承継される仕組みで

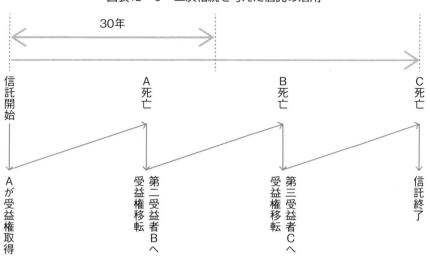

図表12-5　二次相続を考えた信託の活用

す。信託設定後、30年を経過した時点の受益者の次の受益者が死亡した時、信託は終了します。自分が長生きをして30年過ぎてしまったときは、あらためて指定し直せばいいのです。

このように、自分の財産を確実に二次相続、三次相続で特定の人に渡したい場合に信託という仕組みが役に立ちます。

2 信託利用時の注意点

ただし、受益者連続型信託には税法上のデメリットもあります。受益権の評価は信託時の時価で引き継がれ、しかも受益者の死亡により、次の受益者に受益権が移転するつどその信託財産に対して課税されることから、もし短期間に次々と相続が発生して受益者が代わっていくような信託契約は、多大な税金が発生する可能性があるのです。

たとえば、評価額1億円、年間収益500万円の不動産である土地を信託した場合、受益者連続型信託では受益者が死亡して受益者が変わるごとに「1億円」（評価額が変わらないとして）の相続財産として取り扱われます。しかも受益者はその財産を勝手に売ることもできません。受益者は500万円の利益を受ける権利をもらっただけだからです。たとえば80歳であと5年しか生きられない状況で受益者となった場合、2,500万円分の受給権しかもらえないのに、財産評価額1億円に対する相続税が発生してしまいます。

これらを踏まえると、少なくとも受益権移転は世代交代があってこそ税務面においてメリットが生じることになります。

このように税法、民法、信託法の法律的体系を十分に踏まえたうえで、信託の仕組みを相続・事業承継対策に活用することが望ましいといえます。

12-4
遺言と信託と成年後見制度の どれを使ったらいいのかわかりません
［遺言・信託・成年後見制度の違い］

院長　「僕の母のことだけど、いつまでも通いで世話をするのは大変だし、君もだいぶ疲れてきているみたいだから、将来的には、施設に入ってもらおうと考えているんだ。本当にいつも母のめんどうを任せっきりにしていてすまないね」

妻　「あなた……。実をいうと、このごろのお義母さん、認知症の兆候が出てきたみたいで、お世話するのがつらくなってきていたの。それに気になることもあるのよ」

院長　「えっ、それは何だい？」

妻　「どこで買ったのかわからないけど、開封されていないダンボール箱がいくつかあるのよ。行くたびにチェックしているんだけど、お義母さんは買った覚えがないと言うし……。ねえ、だれかにだまされているんじゃないかしら」

院長　「本当か？　やっと遺言書を書いてもらってひと安心と思っていたけど、何かまた対策を立てないといけないようだね」

妻　「成年後見制度というのはどうかしら」

院長　「なるほど。でも、僕の友人は信託を使って、相続と悪質販売業者の問題を解決したと言っていたから、信託という方法もあるのかもしれないな」

妻　「どうしたらいいのかしら。サッパリわからないわ」

院長　「いまネットで調べてみたけど、適当なことしか書いていないし、詳しい話は税理士さんに聞いてみるしかないな」

1　違いを知って使い分ける

　会話の院長先生と奥さまは、母親の認知症を心配する一方、遺言だけで大丈夫なのか不安に思っています。

　遺言を補完する制度としては、「信託」と「成年後見制度」があります。これまでみてきたように「信託制度」は、委託者（財産を預ける人）が信託契約や遺言によって、信頼できる受託者（財産を預かる人）に対し財産を移転し、受託者は受益者（信託財産から経済的利益を得る人）のため、その信託財産の管理・処分をする三者間の制度です。

　「信託」を選択すると、信託財産は、受託者の管理下におかれるため、認知症の心配がある母親を悪質業者等から守り、被害を最小限度に抑制することもできるのです。

　信託は、信託目的の範囲内で信託財産を処分・運用し、財産を預ける委託者の死亡によって信託が終了しないよう設計することができます。その結果預貯金口座の凍結を避け、滞りのない資産承継へと、生前から一連の流れを通して多様な方法の取決めが可能になり、近年「信託」への関心はますます高まっています。

　一方、「成年後見制度」は、判断能力が不十分になった人の財産管理・身上監護の両面について保護、支援する制度です。「身上監護」とは、生活、療養、介護面に関する法律行為をすることで、住居の確保・入院手続や介護施設への入所・退所手続等があり、実際に身の回りの世話をする行為とは異なるのがポイントです。

　成年後見人は、成年被後見人の意思を尊重して、判断能力をカバーしたうえで、その心身の状態・生活の状況に配慮しながら、職務を遂行し、本人死亡により後見業務は終了します。

　図表12－6は、遺言と信託・成年後見制度を組み合わせた場合の効果発生を示したものです。

図表12-6 信託・遺言・成年後見制度の効果

```
現          生　前          死    相続発生後
在                          亡

              認知症発症           二次相続
                                  三次相続

   ①任意後見制度 ②法定後見制度 ③遺言執行 ④数次相続

                    信　託
```

2　組み合わせの具体化

　まず、自分の財産について、生前に信託契約を締結します。契約の内容は、自分の生存中は財産の一部を、毎年孫たちに分け与えることとします。この契約によって、仮に自分が認知症になったとしても、その方針は継続されます。

　一方、信託契約に含まれない財産の管理・生活面でのサポートは、成年後見制度によって、判断能力の衰えが目立つようになってから（図表12-6①）も、認知症発症後（図表12-6②）も、本人にとって最善の状態が維持されることになります。

　また、相続発生後は、遺言により本人の希望どおりの財産分与が行われます（図表12-6③）。信託契約があるため、相続発生後の財産管理、たとえば一度に財産を分けるのではなく、生前と同様に分割して財産を分ける、あるいは二次相続、三次相続を想定した財産の管理方針を決めておく方法もあります（図表12-6④）。

　このように、遺言と成年後見制度、信託を組み合わせると、認知症対策をとりながら、自分の生前から相続発生後まで、より具体的に安心して想いを伝承していくことができるようになるのです。

資料編

資料1 財産の評価方法

1　財産の評価方法

　相続に向けて財産をリストアップすることは税金の予測を立てるためにも、対策を立てるためにも、とても大切なことです。リストアップが終わったら次はその評価額を計算することになります。

　主な相続財産としては預貯金、株式、保険、退職金、土地、家屋、自社株などがあります。基本的に財産の時価で評価することになりますが、その時価について税法独自の決まり（財産評価基本通達による評価）があります。

　主な相続財産および、相続税の概算を算出するための基本的な評価方法については次の表にまとめました。

2　相続税がかからない財産

　仏壇や仏具や墓などは、金額的に大きなものになりますが、日常礼拝に使用するものについては相続税の計算上、課税される財産には含まれません。

　ただし、売買する目的などでこれらを所有している場合には、日常礼拝に使用するとは認められず相続財産に含まれるものとされます。

3　遺産総額から差し引くことができる財産

　被相続人が遺した借入金などの債務や葬式費用は、遺産総額から差し引くことができます。

資料編図表1-1　相続財産と財産評価基本通達による評価の一例

資産の種類		財産の概要
預貯金	普通預金	預入残高
	定期預金	預入残高＋既経過利息－源泉所得税
株式	上場株式	下記①～④のうち最も低い価額 　①課税時期（死亡日）の最終価格 　②課税時期当月の最終価格の月平均額 　③課税時期前月の最終価格の月平均額 　④課税時期前々月の最終価格の月平均額
	上場株式以外の株式	下記①～④のいずれか（法人の規模や同族株主か否かによって適用） 　①類似業種比準価額方式による評価 　②純資産価額方式による評価 　③①と②の併用価額 　④配当還元価額
保険金	死亡保険金	死亡保険金等－非課税限度額（※） （※）非課税限度額＝500万円×法定相続人の数
	保険事故が発生していない生命保険契約に関する権利	解約返戻金相当額
退職金	死亡退職金	死亡退職金－非課税限度額（※） （※）非課税限度額＝500万円×法定相続人の数
土地	自用地	①路線価方式：市街地的形態を形成する地域にある宅地 　　（計算式）路線価×奥行価格補正率等×地積 ②倍率方式：①以外の宅地 　　（計算式）固定資産税評価額×倍率
	借地権	自用地の評価額×借地権割合
	貸宅地	自用地の評価額×（1－借地権割合）
	貸家建付地	自用地の評価額×（1－借地権割合×借家権割合×賃貸割合）
家屋	自用家屋	固定資産税評価額×1.0
	貸家	固定資産税評価額×（1－借家権割合×賃貸割合）
その他	構築物	（その財産を新たに建築するために要する費用－減価の額）×70/100
	庭園	その財産を現況により取得する場合の価額×70/100
	ゴルフ会員権（リゾート会員権も含む）	取引価格×0.6＋返還金額など

資料2 法律上の相続

1　相続人となるのはだれか

　民法において、相続ができる人は決められています。これを法定相続人と呼びます。法定相続人には相続の順位が決められており、上位の人が相続をしていくことになります。

　相続人は配偶者相続人と血族相続人とに大別され、これらの相続順位は同じとされています。さらに血族相続人については、そのなかで相続の順位が決められています。

2　相続人の構成・範囲

①配偶者相続人

　被相続人の配偶者は常に相続人となります。この場合の配偶者は正式な婚姻関係にある者をいい、正式な婚姻関係ではない者（内縁の妻）は除かれることになります。また、相続の開始前に離婚した場合も相続人となることはできません。

②血族相続人

　配偶者相続人と同順位で、相続人となる血族相続人には、被相続人の子（子が死亡している場合には孫）、被相続人の直系尊属（父母・祖父母など自分より前の世代の直系の親族）、被相続人の兄弟姉妹が該当し、民法上、次の相続順位に従って法定相続人が定められています。

　　第一順位　　被相続人の子（死亡している場合には孫）
　　第二順位　　被相続人の直系尊属
　　第三順位　　被相続人の兄弟姉妹

資料編図表2－1　相続順位

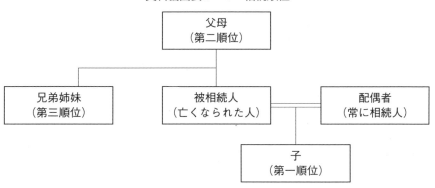

　被相続人に子（死亡している場合には孫）がいる場合は、その子が第一順位、子がいない場合には被相続人の直系尊属が第二順位、直系尊属がいなければ兄弟姉妹が第三順位で相続人となります。

3　相続人以外に対する財産承継

　配偶者相続人、血族相続人以外の者は、相続人ではないので基本的に相続することはできません。ただし遺言をしたり、死亡時に財産を贈与する契約を結んでおいたり（死因贈与）、保険金の受取人として相続人以外の者を指定しておくことで、相続人以外の者に対しても財産を遺すことができます。

　また、生前に贈与を行うことで相続人以外に財産を渡す方法もあります。ただし、贈与による場合は受贈者に相続より高い税金がかかることがあるので注意が必要です。

4　法定相続分

　相続をすることができる相続人が複数いる場合には、その財産の取得割合が法定相続分として、民法に定められています。なお、平成25年9月の最高裁判決により、非嫡出子も嫡出子（実子）と同様の法定相続分とする取扱いとなっています。

資料編図表2－2　法律上の相続人

(1) 配偶者がいるとき

第一順位 (被相続人の子)		第二順位 (被相続人の直系尊属)		第三順位 (被相続人の兄弟姉妹)	
配偶者	1/2	配偶者	2/3	配偶者	3/4
子	1/2	直系尊属	1/3	兄弟姉妹	1/4
※同順位の血族相続人が複数いる場合には1/2をさらに均等に分ける。		※同順位の血族相続人が複数いる場合には1/3をさらに均等に分ける。		※同順位の血族相続人が複数いる場合には1/4をさらに均等に分ける。	

(2) 配偶者がいないとき

第一順位 (被相続人の子)		第二順位 (被相続人の直系尊属)		第三順位 (被相続人の兄弟姉妹)	
子	すべて	直系尊属	すべて	兄弟姉妹	すべて
※同順位の血族相続人が複数いる場合には人数で均等に分ける。		※同順位の血族相続人が複数いる場合には人数で均等に分ける。		※同順位の血族相続人が複数いる場合には人数で均等に分ける。	

　ただし、相続人の間で遺産分割協議（相続財産を具体的にだれにどのように分けるか話し合うこと）を行うことで法定相続分とは別の割合で分けることはもちろん可能です。この場合法定相続分は、相続人の間で分割協議をするときの目安となるものです。

資料3
相続税の計算方法

　相続や遺贈により財産を取得した各相続人等の相続税額を算出するにあたって、二つの段階をふみます。まず1段階目に相続税の総額を計算し、2段階目にその相続税額の総額を基礎に各人の相続税額を計算することになります。

1　相続税の課税価格

　相続税の総額の計算は、まず相続税が課税される金額、いわゆる相続税の課税価格を算出するところから始まります。以下の①②③を合計したものから、④⑤を控除した金額を一般的に相続税の課税価格とします。
①被相続人から相続または遺贈により取得した財産の評価額
②被相続人が保険料を支払っていた死亡保険金や死亡退職金のうち、非課税とされる金額を除いた部分の金額
③被相続人の相続開始前3年以内にその被相続人から贈与により取得した財産の価額
④相続開始時点での被相続人の債務
⑤被相続人にかかる葬式費用

2　相続税の総額

(1)　相続税の総額

　次のように各相続人について計算した金額の合計額です。

> （課税価格の合計額－基礎控除額）×法定相続分×相続税の超過累進税率

※法定相続分とは資料編資料2で解説した法定相続人につき、民法により定められている相続割合を指します。

(2) 遺産に係る基礎控除額

以下の算式により計算された金額をいいます。

3,000万円＋600万円×法定相続人の数

3　各相続人等の相続税額

相続または遺贈により財産を取得した各相続人等に係る相続税額は、次のように計算します。

相続税の総額　×　$\dfrac{その相続人等の相続税の課税価格}{すべての相続人等の相続税の課税価格の合計額}$

ただし、読者の皆さまが実際にこの計算を行うのはむずかしいため、「相続税額早見表、相続税率表」をホームページに用意しました。簡単に概算の税額を知りたいときはそちらをご活用ください。http://www.brain-partner.com/sozoku/siryo.html（QRコードは巻末）

4　相続税の加算、控除

3の計算結果を受けたのち、配偶者の場合は配偶者に対する相続税額の軽減、未成年者の場合は未成年者控除など、各相続人等の状況に応じて相続税額に加算や控除がされることになります。以下、一般的なものをご紹介します。

①相続税額の加算（2割加算）

被相続人の一親等の血族または配偶者に該当しない相続人等については、相続税額の2割に相当する金額が加算されます。

②贈与税額控除

例外を除き、相続が開始した日の前3年以内に被相続人から贈与があり、その贈与について贈与税が課税されていた場合は、その贈与税額を相続税額から控除します。

③配偶者に対する相続税額の軽減

配偶者については相続税額が軽減されます。一般的なケースでは、相続した財産が全体の2分の1（全体の2分の1に相当する金額が1億6,000万円未満であ

れば1億6,000万円）以下であれば、相続税額の全額が控除されることになります。

④未成年者控除

　法定相続人かつ未成年者である場合には、満20歳になるまでの年数×10万円が相続税額から控除されます。

⑤障害者控除

　法定相続人かつ障害者である場合には、満85歳になるまでの年数×10万円（障害が重度の場合は20万円）が相続税額から控除されます。

⑥相次相続控除

　今回の相続の開始の日の前10年以内に相続があり、被相続人が前回の相続の相続人だった場合は、前回の相続でその被相続人が取得した財産に対して課税された相続税額のうち、一定の金額が今回の相続の相続税額から控除されます。

資料 4
贈与税の計算方法

　贈与税については、相続税と同じく他者から対価を支払わず取得した財産について課税される税金ですが、その計算方法は相続税とは異なり、また二つの計算方法が設けられています。

1　暦年課税制度

　まずは、贈与税の計算の全体像についてお話ししましょう。贈与税は1年間のうちに贈与を受けた財産について、その贈与を受けた人（受贈者）に対して課税されることになります。相続とは異なり、贈与は基本的に贈与者と受贈者が一対一の関係ですから、計算の過程でこれ以外の他者は存在しないため、相続税額と比べると簡単な計算となります。

　贈与税の計算式は以下のとおりです。

> （贈与税の課税価格－基礎控除額）×贈与税の超過累進税率

　それでは、上記計算式の各項目をみていきましょう。

(1) 贈与税の課税価格

　一般的に贈与税の課税価格とは、その年において贈与により受けた財産の価額の合計額をいいます。財産の評価方法は資料編資料1でご紹介したものに準じます。

(2) 基礎控除額

　贈与税の計算上、上記(1)から毎年110万円を控除することができます。仮に1年間で複数人から贈与を受けていたとしても、その贈与財産の合計額に対して控除できるのは110万円です。

(3) 超過累進税率

　超過累進税率とは、課税される財産の価額が多くなるにつれて高くなる税率をいいます。特に贈与税では平成27年より二つの区分の超過累進税率が定められました。

　一つは原則的な一般税率、もう一つは直系尊属から贈与により財産を取得したその年の1月1日時点で20歳以上の受贈者が、その直系尊属から贈与を受けた財産（特例贈与財産といいます）について適用される特例税率です。おおむね、特例税率のほうが低い税率になるように設定されています（贈与税額早見表・贈与税率表をホームページに用意しましたのでご活用ください。http://www.brain-partner.com/sozoku/siryo.html）。

(4) 計算例

　やや特殊ですが、その年に伯父から特例税率の適用がない一般贈与財産を100万円、母から特例贈与財産400万円の贈与を受けたものとした場合、次のように贈与税を計算します。

① （100万円＋400万円）－110万円＝390万円（基礎控除後の課税価額）
② （390万円×20％－25万円）×（100万円÷500万円）＝106,000円（一般贈与財産に対応する税額）
③ （390万円×15％－10万円）×（400万円÷500万円）＝388,000円（特例贈与財産に対応する税額）
④ ②＋③＝494,000円（税額）

2　相続時精算課税制度

　贈与税については、上記のような計算方法とは別に相続時精算課税という制度が設けられています。この制度は上記で紹介した暦年課税制度との選択適用で、特定の贈与者につきこの制度を選択する旨の届出書を税務署に提出した場合に適用します。ただし、一度選択をした場合はその後は暦年課税制度への変更はできません。

　この制度を適用することで、特定の贈与者から贈与を受けた財産につき、2,500万円の特別控除と20％の税率がそれぞれ適用されます。

　具体的な計算式は以下のとおりです。

> （贈与税の課税価格 － 特別控除額）×20％

　特別控除については次の点に注意が必要です。たとえば、ある年に1,000万円の贈与を受けたとします。その年の贈与税については、(1,000万円－1,000万円)×20％＝0円となり贈与税は課せられませんが、翌年の特別控除額は2,500万円－1,000万円＝1,500万円となります。つまり、特別控除額は適用した金額だけ少なくなっていきます。

　このほか、この制度を適用するうえで注意すべき点は以下のとおりです。

①受贈者は、その贈与者の直系卑属である推定相続人または孫であり、かつ、その年の１月１日において20歳以上でなくてはならず、その贈与者についても同日において60歳以上でなくてはなりません。

②相続時精算課税の適用を受けると2,500万円までの贈与であれば贈与税は課税されません。しかし、贈与者が亡くなった時には相続財産にその贈与を受けた財産を加えて相続税を計算しなくてはいけません。

3　相続税との関係

　ここまでで、二つの贈与税の計算方法を紹介しましたが、贈与税が課税されても、その後に同じ財産を対象に相続税が課税されるケースがあります。そのままにしてしまうと贈与税と相続税の二重課税となってしまうため、上記で計算した贈与税は相続税から控除されることになります。

(1)　暦年課税制度を採用している場合

　贈与者が亡くなった時の相続税の計算上、原則として、相続財産の価額に贈与財産の価額を加算する必要はありません。ただし、相続開始前３年以内に贈与を受けた財産は贈与時の価額で加算しなければなりません。

(2)　相続時精算課税制度を採用している場合

　贈与者が亡くなった時の相続税の計算上、相続財産の価額に相続時精算課税を適用した贈与財産の贈与時の価額を加算して相続税額を計算します。

資料5
出資持分評価の計算方法

　旧制度の医療法人の出資持分は、贈与税・相続税の評価上「取引相場のない株式」と呼ばれています。その評価方法は大きく分けて、純資産価額による評価と類似業種比準価額による評価の2種類になります。

1　純資産価額による評価

　相続開始直近の法人の資産から負債を差し引いた額（純資産額といいます）を持分の口数によって割り返し、持分1口当りの評価額を出す方法です。
　この時の資産・負債は帳簿上のものではなく、相続税評価に評価しなおした額を用います。また、この資産・負債については帳簿上には記載がなくても、実際には存在する財産（借地権など）も計上する必要があります。
　たとえば理事長の土地に医療法人の建物を建て、「土地の無償返還に関する届出書（本編4章Column参照）」を提出していた際には、帳簿には借地権の記載はなくても、評価では財産として借地権（その土地の相続税評価の2割）を計上します。そのため、帳簿上で財産から債務を差し引いた額がマイナスになった場合でも、帳簿にない財産や、帳簿上の評価と相続税評価の違いによる増額などで、持分の評価はあがることがあるので注意が必要です。

2　類似業種比準による評価

　上場している株であれば、日々取引されている株価があります。類似業種比準方式は、類似業種の上場会社と「配当」「利益」「純資産価額（簿価）」の3要素がどのくらい違うのか、その違いの程度を類似業種の上場株の平均株価に反映させて評価する方法です。この類似業種の株価、配当、利益、純資産価額は国税庁が公表しています。

医療法人は上場できませんので、類似する業種がないため、業種番号113の「その他の産業」を用います。また、配当もできないため、利益、純資産価額のみ比べることになります。

資料編図表5－1　類似業種比準方式と純資産価額方式

類似業種比準方式

1株当りの類似業種比準価額＝

類似業種比準株価 × $\dfrac{（利益比準値）＋純資産（簿価）比準値}{2}$

純資産価額方式

1株当りの純資産価額＝

$\dfrac{相続税評価額による総資産価額 － 負債の合計額 － 評価差額の法人税額等相当額^{（注）}}{発行済株式数}$

（注）　相続税評価額と帳簿価額による純資産価額の差額の37％相当額ですが、マイナスとなる場合は「0」で計算します。

3　純資産価額方式と類似業種比準方式の違い

　純資産価額方式は、その法人の財産を清算して換金したら1口当りいくら返ってくるかを算出していますが、類似業種比準方式は、もしその法人を上場させたらいくらで取引されるのだろうかを算出しています。

4　法人の規模によって使える評価が違う

　純資産価額方式と類似業種比準方式という二つの評価について、使いたいほうを使えばよいのかというと、そうではありません。法人の規模（従業員数、総資産価額および売上高）によって、どちらの方式を使うのかが決まっているのです。

・大会社：原則として類似業種比準方式
・中会社：純資産価額方式と類似業種比準方式の併用

・小会社：原則として純資産価額方式

※具体的な計算例は、本編7章Column「出資持分評価の具体例」で紹介していますので、そちらをご覧ください。

資料6
包括遺贈と特定遺贈

これまでご説明してきたなかに「遺贈」という言葉がありました。遺贈とは、遺言により被相続人の財産を無償で譲与する行為をいいます。なお、被相続人の意思により相続人や血のつながりのない人、法人にでも譲与することができます。遺贈する人を遺贈者といい、それを受ける人を受遺者といいます。なお、遺贈には、以下で説明する包括遺贈と特定遺贈という二つの種類があります。

1 包括遺贈

遺産の全財産に対する割合を示して遺贈することです（民法964）。下図のように「全財産の2分の1をAに、3分の1をBに、6分の1をCにあげる」というものです。この場合、包括受遺者（割合に基づいて遺贈を受ける人）は相続人と同一の権利義務を有することになり、たとえば全財産の3分の1をもらえる代わりに、負債があれば負債の3分の1を引き継ぐこととなります。

包括遺贈は割合を決めるので、時間による価値の変化にも対応可能です。また、特定遺贈とは違い、遺産を特定しないので、遺産の指定漏れを

資料編図表6-1　包括遺贈

防ぐことができます。放棄する場合には、自分が包括遺贈者であることを知った時から3カ月以内に法定相続人と同じく遺産分割協議書に実印を押すことで放棄可能です。

2　特定遺贈

　遺産のうち、特定の財産を示して遺贈することです（民法964）。下図のように「○○市の建物をAにあげる」「この車をBにあげる」「現金○○万円をCにあげる」というものです。特定受遺者（特定遺贈を受ける人）は負債があっても引き継ぐ必要はなく、特定された遺産だけを引き継ぎます。また、受け取りたくない場合は、遺贈義務者からの催告がなければいつでも拒否の意思表示をするだけで放棄ができます。

資料編図表6-2　特定遺贈

資料7
成年後見制度の概要

1　制度の目的と概要

　認知症や知的障害、精神障害などの理由で判断能力が不十分な人は、不動産や預貯金などの財産を管理したり、介護サービスの契約行為や遺産分割の協議をしたりする必要があっても、自分でこれらのことをするのがむずかしい現状があります。

　また自分に不利益な契約であっても、正しい判断ができずに詐欺にあってしまう可能性もあります。こういった人を法律面・生活面で保護、支援する制度が成年後見制度で、平成12年4月に「介護保険制度」とともに長寿社会を支える両輪としてスタートしました。

　制度利用者数は毎年上昇傾向にありますが、高齢化に伴う認知症患者の増加等を考慮すると利用率はまだまだ低い状態です。

　制度の基本理念は、「本人の意思尊重」と「本人の保護」の調和を目的として、より利用しやすい制度を目指しています。

2　活用のポイント

　成年後見制度は、大きく分けると法定後見制度と任意後見制度の二つの種類があります。「法定後見制度」は、本人の判断能力に応じて3段階に規定され（資料編図表7参照）、どのような保護、支援が必要であるかなどの事情に応じて家庭裁判所が適任者を成年後見人に選任する制度です。

　一方、「任意後見制度」は将来、判断能力が低下した場合に備え、本人が財産管理・身上監護の権限内容を含め、あらかじめ任意後見人を選任して公正証書において契約を結ぶ制度です。

「成年後見制度」施行前、「禁治産宣告」「準禁治産宣告」を受けている人は、戸籍に記載されることになっていたため、不利益を生じることも多々ありました。新制度導入により、「禁治産者」「準禁治産者」は、それぞれ「成年被後見人」「被保佐人」とみなされ、移行登記することで戸籍は再製されることになったのです。なお、「公職選挙法の一部改正」により「成年被後見人」は平成25年7月以降公示の選挙について、選挙権・被選挙権の回復が実現しました。

　しかし、「成年被後見人」「被保佐人」は、医師、弁護士等資格や会社役員、公務員等の資格を喪失するという資格制限のデメリットがあります。

　また、成年後見人等は、本人の生活、医療、介護などに配慮しながら、本人を保護、支援する重要な役割であるため、家庭裁判所の監督を受けることになります。

資料編図表7－1　法定後見制度の概要

	後見	保佐	補助
支援対象者	判断能力が常に欠けている状態の人（被後見人）	判断能力が著しく不十分な人（被保佐人）	判断能力が不十分な人（被補助人）
支援をする人	成年後見人	保佐人	補助人
申立てできる人	本人、配偶者、四等親内の親族、検察官、市町村長など		
成年後見人等の同意が必要な行為		・法律で定めた一定の行為（※） ・日用品の購入など日常生活に関する行為は除く	・法律で定めた一定の行為（※）のうち、申立ての範囲内で家庭裁判所が審判で定めた特定の法律行為 ・日用品の購入など日常生活に関する行為は除く
取消が可能な行為	日常生活に関する行為以外	上記と同じ	上記と同じ
成年後見人等の代理権の範囲	財産に関するすべての法律行為	申立ての範囲内で家庭裁判所が審判で定める特定の法律行為	左記と同じ
制度を利用した場合の資格などへの制限	医師、税理士等の資格や会社役員、公務員等の地位を失うなど	左記と同じ	

※借金、訴訟行為、相続の承認・放棄、新築・改築・増築などの行為。
（出所）　法務省「法定後見制度の概要」

なお、成年後見制度の円滑化を図るため、平成28年10月に民法改正の施行により、成年被後見人宛郵便物を成年後見人に転送すること、成年後見人が成年被後見人の死亡後に行うことができる事務について要件を明確化して、家庭裁判所の許可を得ることによりこれができるようになりました。

【著者紹介】

上條　佳生留（かみじょう　かおる）

税理士・行政書士

平成16年（2004年）　税理士試験合格
平成21年（2009年）　税理士登録
平成28年（2016年）　行政書士登録

「相続・事業承継」などにかかわる資産税全般に精通し、連携企業と共に関連セミナーの開催・相談実績は豊富で、税理士法人ブレインパートナー資産税部門の責任者として実務全般を統括している。また女性役員として、活力と競争力ある組織運営の企画立案に努めている。

【執筆協力者】

　矢野厚登（公認会計士・税理士・行政書士・医業経営コンサルタント）
　鹿島久敏（税理士）
　江本圭一（税理士）
　八野井聡（税理士）
　布川直樹（税理士）
　飯田繁幸（税理士・AFP）
　川嶋佑治（税理士有資格者・宅地建物取引士有資格者・2級FP技能士）
　近藤美里（税理士有資格者）
　吉田卓生（社会保険労務士・医療労務コンサルタント）※
　矢野智子（社会保険労務士）
　服部竜仁（2級FP技能士）※
　今井智春
　服部篤典　※
　本田京子（AFP）
　若井麻美
　大城典子（宅地建物取引士有資格者・2級FP技能士）※
　牧野有美子（2級FP技能士）
　佐久間隆（AFP）※
　岡田美帆（AFP・医療経営士3級）
　永田寿之（2級FP技能士）※
　中村基子
　猿山清人
　橋本記子
　亀田真理子　※
　堀部久美（AFP）
　鷲崎文恵
　　※は税理士科目合格者

【編者紹介】

税理士法人ブレインパートナー

　医業経営をサポートするプロ集団（公認会計士、税理士、社会保険労務士在籍）として、設立以降600件を超える医療機関を支援。ドクターのライフステージを踏まえ、医業開業から相続・医業承継までを体系的にサポートしている。
　単に記帳代行業務などを請け負うだけではなく、毎月の経営診断に基づいた付加価値の高いコンサルテーションに加え、医療法人化、M&A、資産管理、信託、さらには労務課題の解決といった、医業継続のためのトータルサービスを提供している。
　また、さまざまなニーズに応じたセミナーや相談会も定期的に開催している。

【主な業務内容】
　　　　　　　病医院の開業支援業務
　　　　　　　病医院の経営・会計・税務・人事労務管理支援
　　　　　　　相続・事業承継対策支援

【所 在 地】　〒450-6319　名古屋市中村区名駅3-28-12　大名古屋ビルヂング19F
　　　　　　　TEL：052-446-7830　FAX：052-446-7831
　　　　　　　URL http://www.brain-partner.com/
【代 表 者】　代表社員　矢野厚登（公認会計士・税理士・行政書士）
【経営理念】　自利利他、租税正義の実現、地域社会への貢献
【行動指針】　・他人を思いやることが真の豊かさである。
　　　　　　　・税法の正しい解釈、運用こそプロフェッショナルの使命である。
　　　　　　　・プロフェッショナルである以前に常識人であれ。
　　　　　　　・常に、顧客、地域社会、従業員、家族、自分自身に誠実であれ。
【沿革など】　平成9年株式会社ブレインパートナー／矢野会計事務所設立
　　　　　　　平成20年税理士法人ブレインパートナーに組織変更

【ブレインパートナーグループ】
　　・社会保険労務士法人ブレインパートナー
　　　　・人事・労務管理　・給与計算　・就業規則策定・診断
　　・ブレインパートナー行政書士事務所
　　　　・医業関連行政手続　・許認可申請
　　・カスタマイト株式会社
　　　　・資産運用　・企業経営支援・戦略構築　・ビジネススクール
　　・株式会社bpコンサルティング
　　　　・財務コンサル　・創業支援　・フィンテック関連コンサル

ホームページ
閲覧用QRコード

本編資料
閲覧用QRコード

院長先生の相続・事業承継・M&A　決定版［第2版］

2019年1月29日　第1刷発行
2019年9月5日　第2刷発行

著　　者	上條佳生留
編　　者	税理士法人ブレインパートナー
発 行 者	加藤　一浩
印 刷 所	図書印刷株式会社

〒160-8520　東京都新宿区南元町19
発行所・販売　**株式会社きんざい**
編集部　TEL 03(3355)1770　FAX 03(3357)7416
販売受付　TEL 03(3358)2891　FAX 03(3358)0037
URL https://www.kinzai.jp/

・本書の内容の一部あるいは全部を無断で複写・複製・転訳載すること、および
磁気または光記録媒体、コンピュータネットワーク上等へ入力することは、法
律で認められた場合を除き、著作者および出版社の権利の侵害となります。
・落丁・乱丁本はお取替えいたします。定価はカバーに表示してあります。

ISBN978-4-322-13439-1

本文イラスト　伊東宣哉